일제시대,
우리 가족은

| 일러두기 |

- 이 책은 2004년 9월에 나온 《일제시대, 우리 가족은》을 재계약한 개정판이다.
- 책의 서술 시점은 초판이 나온 시기에 맞추어져 있다. 다만 그사이 바뀐 용어와 명칭 등은 일부 수정했다.
- 독자 이해를 돕기 위해 필요하다고 판단될 경우 편집자 주를 달아 괄호 안에 넣었다.

일제시대,
우리 가족은

나영균 지음

어느 가족을 통해 본 일제 강점기 지식인의 내면풍경

황소자리

| 개정판 서문 |

이 책의 집필을 권유한 요모타 이누히코 씨는 어머니가 초판 서문에서 언급하셨던 대로 일본의 유명한 영화평론가이다. 특히 그는 1979년부터 1980년까지 서울에 체류하며 한국영화를 연구해 일본에 한국영화를 소개하는 물꼬를 트기도 했다.

그의 저서 중 한국어로도 번역되었으나 이제는 절판된 《만화원론》이라는 뛰어난 책이 있다. 이 책에서 그는 롤랑 바르트, 츠베탕 토도로프, 제라르 주네트 등의 구조주의적 서사 이론을 자유자재로 동원해 만화의 서사구조를 밝히고 있다. 특히 컷과 컷으로 연결되는 만화가 영화와 얼마나 유사한 장르인지를 설명하면서 칸의 크기나 모양, 테두리 선의 성격 등을 자유롭게 변형하고 보조선을 활용해 속도와 충격의 강도 등을 그려내는 식으로 언어와 이미지를 절묘하게 교차시키는 만화만의 독창적 서사구조를 명징하게 분석해 냈다. 그 책을 읽으면서 나는 '바로 이런 사람을 천재라고 하는구나.' 감탄했었다. 어려운 서사 이론을 이해하는 데 급급했던 나로서는 그것을 솜씨 있게 다루어 창의적인 분석서를 만들어내는 그의 능력이 참으로 부러웠다. 오늘날 웹툰이 영화와 드라마로 만들어지는 현장을 보면서 나는 현재 활동하는 문화평론가들에게 《만화원론》을 꼭 읽어보라고 권하고 싶다.

요모타 씨는 1954년생으로 나와 같은 나이다. 한 세대를 건너뛴 나이 차에도 불구하고, 어머니와 요모타 씨는 서로의 지적 취향을 너무도 잘 이해하는 친구였다. 어머니는 항상 학교 주변에서 만날 수 있는 이런 희귀한 인물들과 친분을 맺어 교류를 계속하셨다. 《순교자》의 저자인 김은국 씨와도 친분을 맺으셔서 그의 작품 《The Innocent》를 우리말로 번역하셨다. 또 이화여대에 방문교수로 왔던 버클리대 일레인 킴 교수님과도 친하게 지내셨던 걸 기억한다. 어머니는 항상 문학적·예술적 재능이 있는 분들, 지성미를 지닌 분들과 교류하면서 자극을 받으셨다.

《일제시대, 우리 가족은》을 다시 읽으면서 나는 어머니가 평생을 두고 견지해오신 예술적·지적 활동이 어머니의 아버지, 그러니까 나의 외조부로부터 뿌리내린 것임을 새삼 확인했다. 이 책은 외조부의 이야기로 시작하여 그의 죽음으로 끝을 맺는다. 따라서 이 책의 주인공은 외조부라 할 수 있으며, 어린 조카였던 어머니의 눈으로 바라본 그의 누이동생 나혜석과 아버지의 지인들 이야기가 곁들여진다.

  외조부가 걸어오신 길은 여러모로 어머니의 삶에 투영되었다. 신문물에 대한 외조부의 호기심, 식민화된 나라를 어떻게든 구원해 보고자 애쓰던 젊은 지성의 의무감. 거기서 비롯된 사회개혁에 대한 의지와 일시적으로 심취했던 공산주의, 그중에서도 생디칼리슴에서 해답을 찾고자 하던 시도. 인문학보다는 공학 공부를 택해 민중의 삶을 실질적으로 개선해 보려 했던 결심….

  일본 오사카의 조선인들이 사는 빈민촌에서, 러시아의 조선인 마을에서, 그리고 만주에서 조선인이 좀 더 나은 생활을 영위할 방도를 모색하고 몸소 실천해온 외조부를 보며 자란 어머니 역시 안일하고 일상적인 삶보다는 개척적이고 선구적인 삶을 사셨고, 번 득이는 지성의 빛을 지니신 분들과의 교류를 즐기셨던 것 같다. 다만 어머니는 시대와 민족을 구원하고자 하는 외조부의 사명감만은 따라갈 수가 없다고 느끼셨던 것 같다.

  일제 강점기에 태어나 16세에 해방을 맞으신 어머니는 한국역사를 제대로 배우신 적이 없다. 그 탓에 가끔 성장기의 우리에게 삼국시대가 뭐냐고 물으실 정도였다. 그러시던 어머니가 70세가 넘으신 나이에 놀라운 속도와 깊이로 조선 말기와 일제 강점기의 역사를 공부해 이해하시고 이것을 가족사와 결합하셨다.

  역사책에서 우리가 공식적으로 배우는 역사는 추상적인 기술에 그치기 쉽다. 어머니의 글처럼 그 시대를 살았던 사람들이 느끼고 겪었던 삶의 결로서 표현되었을 때 역사는 비로소 숨결이 담긴 목소리로 우리에게 다가온다. 이 책은 그런 의미에서 1910년경부터 1959년까지 우리의 역사를 증언하는 소중한 자료이다.

어머니는 평소 삶에서 보이시던 망설임 없는 정진과 예리한 이해력, 끈기로 이 일을 해내셨다. 어머니의 경기고녀 때 별명이 '가마보코(어묵)'였다고 한다. 옛날식 가마보코는 작은 도마같이 생긴 나무토막 위에 붙은 형태로 판매되었다. 책상에 딱 붙어서 떨어질 줄 모르는 어머니의 습성을 친구들이 놀리는 말이었다. 번역이든 집필이든 책상에 딱 붙어 앉아 끝내고야 마시던 어머니의 모습을 기억나게 하는 별명이기도 하다.

개인적으로 어머니는 이 책에서 당신에게 소중한 지성적·기질적 유산을 물려주셨지만, 어머니보다 불행한 시대에 태어난 탓에 뜻을 활짝 펴보지 못하고 날개가 꺾인 채 생을 마감하신 아버지 나경석 씨와 고모 나혜석 씨에 대한 연민과 안타까움을 표현하신다. 그럼에도 시종일관 문제는 과장이 없고 담담하다. 깊은 애정도 시대의 상흔도 절제된 문장에 담긴 덕에 그 울림이 더 짙고 오래가는 듯하다.

요모타 씨의 권유로 집필된 까닭에 이 책은 한국말로 쓰였음에도 일본어로 번역된 책이 2003년 일본에서 먼저 출간되었다. 그해에 일본 여행 중 책방에 들러 이 책을 발견한 황소자리 지평님 대표님의 날카로운 안목 덕에 이 책의 한국어판이 나올 수 있었다.

이 소중한 역사적 자료가 20년간 조금씩, 꾸준히 팔려나가는 것을 인내심 있게 지켜봐 온 지 대표가 올해 이 책의 재출간을 결정해주었다. 지금 노환으로 자리에 누워계신 어머니 책의 재출간이 이루어진다면, 어머니의 삶을 의미 있게 마무리하는 한 획이 되리라 생각된다. 지평님 대표의 안목과 용기, 그리고 꼼꼼한 일솜씨에 깊은 감사를 드린다.

2025년 여름,
나의 어머니 나영균을 대신해 둘째 딸 전수용

| 초판 저자 서문 |

벌써 6~7년 전 일이다. 도쿄에 갔을 때 요모타 이누히코四方田犬彦 씨와 함께 저녁을 먹은 일이 있었다. 요모타 씨는 1979년부터 1980년까지 한국의 건국대학교에서 가르친 일이 있는 유능한 영화평론가이며 현재 메이지학원明治學院 대학의 중견 교수로 재직 중이다. 그는 한국을 다녀간 이후 한국 영화를 일본에 대대적으로 소개했을 뿐 아니라 메이지학원에 다닌 일이 있는 춘원春園 이광수李光洙에 대한 특별 세미나를 기획하는 등 한국 문화에 깊은 관심을 갖고 있는 인물이다.

그날 춘원이 아버지의 친구였다고 내가 말하자 그는 내게 아버지와 그 시대에 관한 글을 써보라고 적극 권하는 것이었다. 처음엔 못하겠다고 하던 나도 결국 그의 열성에 밀려 한번 써볼까 하는 생각이 들기 시작했다.

그러나 막상 쓰려고 자료를 수집하면서 나는 죄송스럽게도 아버지에 대해 알고 있는 것이 거의 없다는 사실을 깨닫게 되었다. 머릿속에 남은 단편적인 기억 말고는 어머니가 신문사를 찾아다니면서 끌어모아 편집하신 《공민문집》과 옛날 〈동아일보〉나 기타 신문, 잡지에 나온 글들이 자료의 전부였다.

이 책을 구상하고 집필할 동안 나는 당시의 역사적 배경을 다시 한번 공부하고 고모 나혜석의 삶에 대해서도 연구하는 기회를 가졌다. 아버지를 이야기하려니까 자연 고모 이야기를 하지 않을 수 없었고 그러다 보니 주변 사람들, 아버지의 지인과 친구들 그리고 그들 생활에 영향을 주었던 역사적 배경을 돌아보지 않을 수 없었다. 역사는 어쩔 수 없이 그들의 행동과 생각을 만들었고 그들은 또한 역사를 만들어갔다.

돌이키며 가슴을 치는 것은 당시 이 땅의 젊은 지식인들이 예외 없이 가졌던 조국에 대한 책임감이다. 잃어버린 나라를 되찾고, 무지한 백성을 계몽하고, 서양문명을 도입하여 사회를 근대화하는 일이 전적으로 자신들의 책무라고 그들은 확신하고 있었다. 누가 시킨 것도, 부추긴 것도 아니었다. 그저 현실 속의 자신들 위치로 보아 아주 자연스럽게 각자 그렇게 생각한 것이다. 그들의 책임감이 어떤 결과를 가져왔는지와는 별개로 그것은 개화기의 한국이 가졌던 소중한 보배요 가치였음을 새삼 깨닫는다. 지금 우리에게는 그러한 것이 없어 보이기 때문이다.

과거를 솔직한 눈으로 되돌아볼 때 거기에 오버랩되는 것은 지금 이곳 우리의 초상이다. 사람은 자화상을 그릴 때 자신을 이상화하려는 경향이 있다. 그러나 이상적인 자화상은 현재의 처신이나 장래를 설계하는 데 아무런 도움도 되지 않으며 오히려 해로울 수가 있다.

이 책에서 나는 솔직한 우리의 자화상을 그려보려고 시도했다. 우리의 잘못, 우리의 못난 점, 우리의 실패를 비판하는 것은 다름아닌 우리나라에 대한 걱정과 애정의 소치이다.

이 책의 한국어판 출판이 이뤄져 매우 기쁘다. 요모타 씨의 권유로 썼기 때문에 일본에서 먼저 나온 데 대한 계면쩍음을 곁들여 이 일을 추진해주신 황소자리의 지평님 씨께 심심한 감사의 말씀을 드린다.

2004년 여름, 나영균

차례

개정판 서문 • 5

저자 서문 • 10

1장 _ 나의 아버지, 나경석 • 15

2장 _ 폭풍이 몰아치기 전 • 27

3장 _ 사회주의자가 된 식민지 유학생 • 43

4장 _ 고모 나혜석과 3·1운동 • 61

5장 _ 꿈과 이상을 좇던 시절 • 87

6장 _ 치열했던 현실 참여, 그리고 좌절 • 117

7장 _ 만주 봉천에서 시작한 새로운 생활 • 139

8장 _ 나혜석, 시대를 앞서간 여인 • 175

9장 _ 일본이 물러서기까지 • 219

10장 _ 6·25전쟁 • 257

11장 _ 다시 찾은 서울 • 283

1장

나의 아버지, 나경석

나는 어느 날 우연히 다음과 같은 서류를 보게 되었다.

성명 : 나경석羅景錫.
아호 변명 : 공민公民, 나석羅錫.
본적 : 경기도 수원면 신풍리 291.
주소 : 경성부 익선동 126.
인상 특징 : 신장 5척 3촌, 색 검음, 체격 중, 입이 큼.
처벌 : 다이쇼 8년(1919) 경성지방법원에서 강도·살인미수, 보안법 위반에 의해 징역 3개월에 처함.
학력 : 다이쇼 3년(1914) 7월 도쿄고등공업학교 졸업.
성격 : 집요, 다이쇼 4년(1915) 이래 제약사업 등에 종사했으나 실패. 그동안 오스기 사카에大杉榮, 이쓰미 나오조逸見直造 등과 교를 맺어 주의자가 됨.
가정 상황 : 처 박씨.
지기 교우 : 장덕수張德秀, 김명식金明植, 오상근吳詳根, 이득년李得年, 신백우申伯雨, 김종범金鐘範, 이종린李鐘麟.
소속 단체 : 고려공산당高麗共產黨.

> **자산 생계**: 동·부동산 약 6,000원, 생계 보통.
> **사상 행동**: 공산주의자로 치열한 배일사상을 소유하며 그 고취에 노력 중.

총독부 '신상조사서'라고 하는 이 서류를 처음 보았을 때 나의 심장은 두어 박자 건너뛰었다. 문서에 적힌 공민 나경석은 바로 나의 아버지이기 때문이다. 그가 세상을 뜬 지 50여 년이 지났지만 내 머리에 남아 있는 아버지는 언제나 과묵한 가운데 악의라고는 없이 선량하기만 한 분이었다. 여기에 적혀 있는 것처럼 집요하고 못된 위험인물이거나 강도·살인미수죄를 저지를 인물과는 도무지 거리가 먼 분이었다. 그러고 보니 이 한 장의 종이는 총독부가 반일운동을 하는 조선인들에게 보였던 가혹한 태도의 일면을 나타내는 하나의 물증이기도 하다.

내 기억 속의 아버지는 일본에 대해 이야기할 때 이상하게도 적개심이나 분노를 나타내는 일이 없었다. 형사에게 밤낮으로 쫓긴 이야기, 러시아로 도망간 이야기, 부당한 일본 당국의 처사에 항의하기 위해 당국자를 만난 이야기들을 어려서 아버지에게 여러 번 들었지만 그 어조는 언제나 담담하고 때로는 유머러스하고 때로는 해학적이었다.

이것을 순전히 감정을 정화시키고 고통과 불행을 감소시키는 시간의 작용 탓이라고만 할 수 있을까? 애증을 완전히 탈피한 듯했던 아버지의 담담함은 망각의 산물이었을까, 아니면 해탈의 소산이었을까?

  그러한 아버지에 비해 이 서류는 너무나 냉혹하고 노골적인 적의를 나타내고 있다. 하기야 아버지가 한창 반일운동을 벌이던 당시에 만들어진 것이니 당국자로서는 나름대로 골치 아픈 존재인 아버지 같은 인물을 이렇게 기술한 것은 당연할지도 모른다. 그러나 오랜 시간이 흐른 지금, 이 과잉 표현을 접하면서 정치의 비정함을 새삼 절실히 느끼게 된다. 그리고 아버지가 나에게 말하지 않았던 일부 과거사의 무거운 존재와 부피가 나를 누르듯 다가서는 한편 진상 규명을 요구하며 손짓하는 듯한 느낌이었다.

  나의 인생에 있어서 아버지는 이상주의를 고취해준 선배요, 지식을 희구하는 마음을 심어준 스승이었다. 또 맏딸인 내게 아들 이상의 기대를 걸며 친구처럼 많은 이야기를 들려주었던 아버지였다. 그런데도 나는 아버지를 위해 아무 일도 하지 않았다. 그가 병석에 누워 3년이나 고생할 때에도 학교에 나간다는 핑계로 살뜰히 시중을 드는 일이 없었고 오히려 권태로운 병상에서 짜증을 내는 아버지를 원망하는 일이 많았다. 그래서 때늦은 지금이나마 내 마음 저 깊은 속에 자리잡고 있는 아버지의 모습을 마주하며 경건한 속죄의 마음을 이 책에 담아보려고 한다.

  부유한 양가에서 태어나 부모의 사랑을 일신에 받은 아버지가 일본 유학을 한 다음 사회에서 위험시되는 사회주의 사상에 기울어진 동기는 무엇이었을까. 그의 생애를 기록하는 작업을 하면서 새삼 확인한 것은 한국과 일본의 운명적인 관련성이었다.

아버지의 인생은 한일강제병합이라는 정치 상황에 의해 완전히 달라졌다고 할 수 있다. 나라가 없어지는 상황에서 사람들은 나름의 처지에서 절대 피할 수 없는 책임감을 느꼈을 것이다. 아버지의 이야기는 곧 그러한 시대의 이야기이며 그의 경험은 지금을 사는 나뿐 아니라 모든 한국인이 공유할 유산이다.

나는 아버지의 과거를 캐면서 한국과 일본 사이에서 아버지가 한 일과 하지 못한 일을 짚어보려고 한다. 당시의 한국은 지도적 위치에 있는 지식층의 수가 적었고 따라서 지식인들은 사회와 국가에 책임을 다해야 한다는 의식이 전반적으로 강렬했다. 그래서 일본의 지배가 강화될수록 그들은 지도층의 일원으로 책임을 다하기 위해서도 배일사상排日思想을 굳혀갔다.

한국과 일본은 단순히 정복자와 피정복자나 식민자와 피식민자 관계 이상의 인연으로 묶여 있다. 절대로 상대의 존재를 서로 무시하고는 살 수 없기 때문이다.

일본을 말할 때 혹은 생각할 때 우리는 냉정해지지 못한다. 오랫동안 쌓이고 쌓인 감정이 모든 사고를 앞지르기 때문이다. 그러나 지금 우리는 감정에 일그러진 거울이 아니라 제대로 된 거울에 비치는 우리의 모습을 찾아야 한다. 그것이 아픈 상처를 건드리는 일일지라도 정직한 우리 모습을 찾아야 한다. 가감 없는 자화상 직시하기야말로 미래 설계를 위한 출발점이기 때문이다.

아버지가 태어난 1890년을 전후한 한국의 사정은 매우 혼란스러웠다. 왕실 내의 세력 다툼은 1870년대부터 점차 그 격렬함을 더해가고 있었다. 열강이 동양의 이 조그만 나라를 집어삼키려고 호시탐탐 노리는 가운데 힘을 합하여 적절한 방어대책을 세워도 시원치 않을 때 명성황후와 섭정인 대원군은 맹렬한 권력 다툼을 벌이고 있었다. 그들은 정적을 쓰러뜨리는 일에 골몰한 나머지 나라가 망할지도 모른다는 사실에 매우 둔감했다. 그들의 생각이 그러했다기보다 적어도 그들의 행적은 그렇게 보였다.

궁 안팎이 이렇게 어수선하던 1876년, 조선은 일본과 강화도조약을 맺어 쇄국에서 개방정책으로 전환했다. 일본이 주장한 이 조약의 체결로 조선이 일본과 교역을 트자 미국, 영국을 비롯한 서구 열강도 질세라 통상 개방을 요구하고 나섰다. 그 바람에 정부는 대세에 떠밀리듯 문호를 개방하지 않을 수 없게 되었다.

국왕과 명성황후 일파는 제3국인 러시아를 끌어들여 청·일 양국의 대립을 중화시키려고 했다. 그러자 청국은 대원군을 내세워 명성황후 세력을 억제하는 방책으로 나왔다. 이러는 동안 1894년 4월 전라도에서 동학농민운동이 일어났다. 이를 진압하기 위해 정부군이 출동했으나 그들을 당하지 못하고 패배를 거듭하자 병조판서 민영준閔泳駿은 청군 대표 위안스카이袁世凱에게 원군을 청했다. 위안스카이는 이것을 절호의 기회로 보고 즉시 청군을 아산에 집결시켰다. 호시탐탐 한반도에 발판을 마련하려던 청국이 이러한

구한말 광화문 일대의 풍경이다.

기회를 놓칠 리 만무했다.

　이것을 본 일본은 질세라 청군보다 더 많은 병력을 인천에 상륙시켰다. 상황이 이 지경에 이르자 6월 11일 동학군은 진주성에서 자진 해산했다. 청군도 일본군도 이젠 더 조선에 머물 이유가 없어졌으나 그들은 철수하지 않았다. 대신 청군은 평양을 중심으로 집결하고 일본군은 서울에 진을 친 채 남아 있었다.

　이런 상황에서 일본은 청일淸日, 러일露日 두 전쟁에서 승리를 거둔 뒤 한국 내 세력 기반을 더욱 강화했다. 청일전쟁은 1894년 7월 25일에 시작되어 1895년 4월 17일에 일본의 승리로 끝났다. 한반도에서 일본 세력은 자연스럽게 강해졌다.

　1905년 11월에 체결된 을사늑약乙巳勒約은 외교권과 행정권을 모두 일본에 넘긴다는 내용이었다. 조선 내각은 이 조약 체결을 거부하려 했으나 이미 기운 대세를 막을 힘이 없었다. 강제 합병은 실제로 이때 이뤄진 것이나 다름없었다. 우리 정부는 내부 정쟁에 정신을 빼앗겨 국제 정세에 시선을 돌릴 겨를이 없었고 또 돌아가는 사정을 알았다 할지라도 그것을 막기에는 너무나 무력했다.

조약이 체결되자마자 일본은 1906년 2월 1일자로 통감부를 설치하고 12월 이토 히로부미伊藤博文를 초대 통감統監으로 임명했다. 이토는 일본의 총리를 지낸 바 있는 인물로, 이 같은 거물을 통감으로 보낸 것은 일본이 한반도 장악을 그만큼 중요시했음을 의미하는 것이기도 했다.

―――

1909년 10월 26일 이토가 안중근에게 암살당하자 소야 고스케曾彌荒助가 2대 통감으로 취임했다. 그러나 그는 병약하여 1910년 5월 30일 육군대신 데라우치 마사타케寺內正毅가 제3대 통감직을 겸임하게 되었다.

데라우치는 조선인의 배일사상을 진압하기 위해 헌병경찰제도를 도입했다. 그들이 헌병경찰을 두어 경찰국가를 만든 데에는 그만한 이유가 있었다. 무장해제된 조선군과 한심한 정국에 울분을 이기지 못한 사람들이 합세하여 의병대를 조직, 방방곡곡에서 들고 일어나는 상황을 진압하기 위해 애를 먹었기 때문이다.

데라우치 통감은 1910년 7월, 한일병합처리안韓日倂合處理案을 만들어 본국에 보냈다. 1910년 8월 29일에 성립된 한일합병은 이미

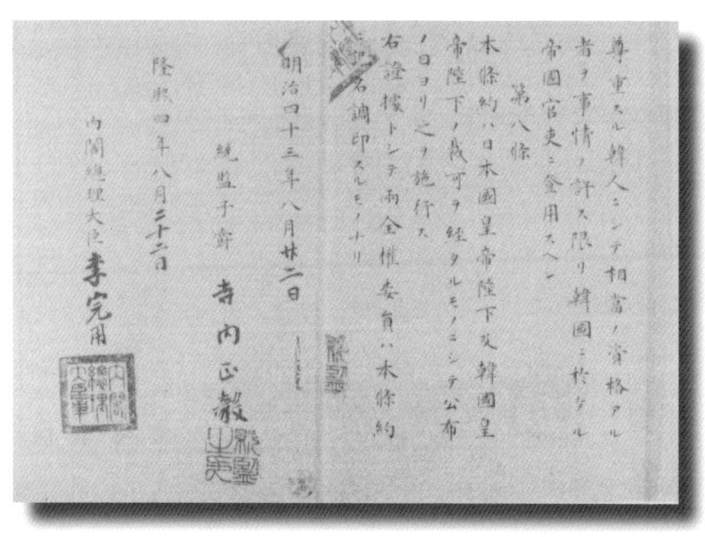

조선이 일본의 식민지임을 공식적으로 확정한 문서 '한일병합조약' 중 제8조와 기명날인이 들어간 마지막 부분.

초대 통감 이토 히로부미(아래)와 그를 암살한 안중근 의사.

오래전부터 치밀하게 준비가 되어 있었기 때문에 이 문서의 작성과 조인은 일종의 요식 행위에 불과했다.

합병이 발표되자 덕수궁 궐문 앞에는 수만 명의 인파가 몰려들었다. 합병은 결코 청천벽력일 수는 없는 상황이었으나 긴 질병 끝에 찾아오는 죽음이 언제나 놀라운 것이듯 이 소식도 경천동지의 양상을 띠었다. 사람들은 엎드려 땅을 치며 통곡했고 자결하여 순국하는 인사들도 속출했다.

합병에 승복할 수 없는 사람들은 만주를 비롯하여 러시아의 블라디보스토크, 베이징, 상하이, 난징, 하와이, 샌프란시스코, 로스앤젤레스 등지로 망명했다. 또 국내에 남아 있는 사람들도 나라가 이렇게 허무하게 없어질 수는 없다는 생각을 공유했다. 그 생각은 총독부의 통치가 본격화되고 반일운동에 대한 감시와 탄압이 현실화하면서 더욱 절실한 것이 되어갔다.

2장

폭풍이 몰아치기 전

아버지 공민 나경석은 이러한 시대를 배경으로 1890년 8월 14일, 수원군水原郡 봉담면奉潭面 분천리汾川里에서 태어났다. 할아버지는 나기정羅基貞이라 했고 할머니는 최시의崔是議라 했다. 할아버지는 조용하고 자상한 성품이었던 데 비해 할머니는 오히려 대범하고 남성적인 성격을 지닌 분이었다. 예전에 본 사진으로도 할아버지는 단아하고 전형적인 선비의 모습인 반면 할머니는 개성이 강한 여장부의 인상이었다.

할머니의 그러한 성품은 성장과정에서 온 것인지도 모른다. 당시 딸들에게는 이름도 안 지어주고 이쁜이니 곱단이니 하는 별명으로 대신하는 경우가 많았다. 할머니에게 어엿한 한자漢字 이름이 있었다는 사실은 그 자체로 벌써 개화된 가문의 가풍을 드러내는 것이었다.

분천은 80여 가구가 사는 조그만 마을로 모든 사람이 나씨인 집성촌이었다. 나가羅家의 역사는 천 년 전 중국으로부터 유래했다. 나羅라는 나라의 왕자가 전쟁 중 적에게 쫓겨 피신하려고 배를 탔

유교 사상이 철저했던 할아버지 나기정.

다가 풍랑을 만나 한반도까지 표류, 전라도 나주에 와서 정착한 뒤 나주羅州 나씨羅氏의 시조가 되었다. 시조의 이름은 나부羅富라 하고 고려 때 정의대부正議大夫 감문위監門衛 상장군上將軍을 지냈다고 한다. 고려가 이성계에게 망한 뒤 나씨 가문은 한동안 벼슬을 거부하며 평민으로 지내다가 6대조 때부터 관직에 오르기 시작했다. 그 후 11대조가 수원부사로 부임한 것이 계기가 되어 수원 나씨가 생겨났다. 그들은 수원에서 20리 떨어진 분천을 본거지로 삼고 그 일대의 유력자가 되었다.

증조부 나영완羅永完은 호조참판을 지냈고 슬하에 기원基元, 기형

基亨, 기정基貞 3형제를 두었다. 셋째 아들 기정이 나의 할아버지이다. 할아버지 나기정은 고종 말기에서 합방 후까지 시흥군수와 용인군수를 지냈다. 처음에 임명을 받은 것은 지방의 유력자였기 때문일 테고 합방 후에는 경력자라서 임명된 것으로 생각된다. 그런 내력 때문에 동네 사람들은 우리 집을 참판댁 아니면 나부자댁이라고 불렀다.

할아버지가 얼마나 부자였는지는 알 수 없다. 아마 요즈음 재벌들에 비하면 아무것도 아니었을 것이다. 다만 아버지 추억담에 의하면 수원서 분천까지는 남의 땅을 안 밟고 걸어다닐 수 있었다고 한다. 겨울이면 소를 통째로 잡아 살코기는 굽거나 졸이거나 포를 떠서 먹고 내장과 국거리는 고아서 뒷마당에 즐비한 큰 독에 담아 겨우내 퍼다가 국을 끓여 먹었다고 한다.

3형제 중 할아버지의 둘째 형에게는 자손이 없었다. 그래서 할아버지는 자신의 장남 홍석弘錫을 그 댁에 양자로 보내고 차남인 아버지를 외아들로 키웠다. 여자 형제로는 나이 차가 많은 손위 누이 계석檍錫과 누이동생 혜석蕙錫, 지석芝錫이 있었다.

아버지와 세 자매는 어려서부터 재능이 뛰어나 이웃 사람들의 입에 오르내리는 일이 잦았다. 특히 아버지와 바로 아래 누이동생 혜석은 남달리 총명했다. 그들은 총명한 아이들이 흔히 그렇듯 장난도 심하고 말썽도 많이 일으키곤 했다. 그럴 때 회초리를 드는 것은 할아버지가 아니라 할머니 쪽이었다.

유교 사상에 철저한 할아버지는 아들에게 애정 표현을 하는 일이 없었다. 옛날에는 대가족제도 속에서 어른을 모시고 사는 터라 그 앞에서 자식을 귀여워하는 것은 금기였다. 자식이 귀하더라도 아이가 잠든 다음에야 머리맡에 앉아 말없이 머리를 쓰다듬는 것이 고작이었다. 아버지도 우리 형제들을 같은 방식으로 대했다. 어려서 잠이 든 척하고 있으면 아버지는 나의 머리맡에 다가와 이마를 쓰다듬으며 냄새를 킁킁 맡고 "개가 제 새끼 냄새를 왜 맡아보나 했더니 이렇게 구수해서 그러는구나." 하시는 것이었다. 그 말뜻은 잘 알 수 없었으나 나는 아버지가 이마를 쓰다듬는 것이 좋아서 종종 자는 척했다.

아버지가 커서 일본 유학을 가게 되자 할아버지는 관부연락선을 타고 건너간 아들이 무사히 도쿄에 도착했다는 소식이 올 때까지 밤잠을 이루지 못했다고 한다. 수원을 떠나 도쿄까지 가려면 만 사흘이 걸리던 시절이었다. 기차로 서울을 거쳐 부산으로 간 뒤 관부연락선으로 갈아타고 시모노세키에서 내려 다시 도쿄행 열차를 타는 여정이었다.

여행 자체가 염려스러운 것이 아니라 그 노선 열차에는 일본 고등계 형사들이 깔려있었다. 그들은 한국 유학생들을 엄중히 감시하며 사소한 일로도 연행해가는 일이 허다했다. 일본 말을 아무리 잘 해도 형사들은 귀신같이 한국 학생을 가려냈다. 죄가 있어서가 아니라 그들의 위협적인 눈초리에 유학생들은 덮어놓고 주눅이

말씀은 없으셨지만 유난히 속정이 깊으
셨던 나의 아버지 나경석.

들게 마련이었다. 그러니 부모로시는 걱정이 될 수밖에 없었다.

아마 할아버지의 사랑이 그렇게 지극했기 때문이었을 것이다. 아버지는 어머니와 결혼한 후 만주에 살면서도 추석이면 수원까지 성묘하러 가는 일을 거르지 않았다. 아버지의 생일은 음력으로 8월 14일이라 8월 15일의 추석 성묘에 가려면 언제나 생일을 기차 안에서 지내야 했다. 당시 3등 기차는 늘 만원이라 아버지는 해마다 생일날 밤을 비좁은 차 안에서 보냈다.

성묘는 우리가 서울로 이사 온 뒤에도 계속되었고 6·25전쟁 때를 제외하고는 노환으로 병석에서 일어나지 못하게 될 때까지 빠짐없이 이어졌다.

2장 폭풍이 몰아치기 전 33

또 아버지는 할아버지 기일忌日에는 반드시 제사를 지냈다. 우리 집은 대개 다음과 같은 절차로 제사를 지냈다. 우선 제수를 차린 상 위에 신위神位를 모신 뒤 촛불을 켜고 향을 피운다. 아버지가 한복에 두루마기를 입고 한지에 손수 먹으로 쓴 제문을 곡조를 붙여 낭독한 다음 약주 잔을 올린다. 그다음 아버지와 식구들이 재배한 후 메(제상에 올리는 밥)를 한 수저씩 떠서 국에 말아드리고 수저를 메에 꽂는다. 그러면 식구들은 밖으로 나가 방문을 반쯤 열어놓은 채 기다리다가 혼백魂魄이 진지를 다 잡수실 정도의 시간이 지나면 방에 들어가 메에 꽂은 수저를 내려놓고 다시 절을 한 뒤 제문을 촛불로 불사른다. 나는 아버지가 불붙은 제문 종이가 조그마해질 때까지 두 손으로 이리저리 돌리다가 향로에 내려놓는 모습을 흥미롭게 지켜보곤 했다.

두루마기를 입고 제사를 정중히 올리는 아버지는 한때 혁명을 꿈꾸던 사회주의자나 독립운동가의 모습이 아니라 어디로 보나 보수적인 집안의 아들이었다. 다만 그의 개혁주의의 일면이 제사 지내는 방법에서 엿보이기는 했다. 그는 할머니 제사를 할아버지 제사와 함께 모셨다. 두 번의 제사를 한 번으로 줄인 셈이다. 또 제수祭需를 간소화했다. 제수의 기본은 주과포혜酒果鮑醯이니 술, 과일, 육포, 어포, 식혜를 갖추되 그 이상으로 너무 많은 음식을 장만하는 것은 삼가자는 게 아버지의 생각이었다.

아버지는 어려서 마을 아이들과 함께 서당에 다니며 한문을 배웠다. 초등학교와 중학교 교육을 겸한 서당에서는 여러 연령층의 아이들을 한 방에 모아 함께 가르쳤다. 사용된 교과서는 《천자문千字文》《동몽선습童蒙先習》《통감通鑑》《소학小學》《사서삼경四書三經》《사기史記》《당송문唐宋文》《당율唐律》 등이고 간단한 가감승제加減乘除도 가르쳤다. 아버지는 뛰어난 기억력과 함께 우수한 숫자개념을 일찍부터 지니고 있었다.

1894년 갑오개혁甲午改革 후 현대적인 교육제도가 도입되기 시작하면서 한반도에도 신제도에 의한 학교가 세워졌다. 1895년 이후 통감부에서는 서울을 비롯하여 수원, 공주, 충주, 광주, 전주, 진주, 대구, 춘천, 평양, 해주, 함흥 그리고 경성鏡城 각지에 소학교를 세웠다. 당시 소학교는 심상과尋常科 3년과 고등과高等科 2년 혹은 3년의 과정을 합친 것이었다. 학생들의 나이는 8~15세이며 교과목엔 현대화된 수신修身, 독서, 작문, 습자, 산수, 체조가 있었고 지리, 역사, 도화, 외국어가 추가되기도 했다.

관립학교가 도처에 들어서는 것과 동시에 외국인 선교사들이 주도하는 사립학교도 세워지기 시작했다. 앨런H. N. Allen, 언더우드Horace. G. Underwood, 아펜젤러Henry G. Appenzeller, 스크랜튼M. F. Scranton 등 미국 선교사들은 1885년을 기점으로 제중원의학교(1885), 배재학당(1885), 이화학당(1886), 경신학교儆信學校(1896)를 연달아 세웠다. 또 한국인 지도층 중에도 학교를 세우는 이들이 생겼다. 민영

환閔泳煥이 흥화학교興化學校(1895)를, 민영기閔泳綺가 중교의숙中橋義塾(1896)을, 엄주익嚴柱益이 양정의숙養正義塾(1905)을 세웠다. 사명감을 지닌 여러 지식인은 사립학교에서 교편을 잡았다.

아버지의 종형 중석重錫은 사회의식이 강한 사람이어서 물려받은 막대한 재산을 대부분 분천 지역사회를 위해 기부했다. 그리고 땅과 자금을 희사하여 1903년에는 삼일남학당三一男學堂을 세웠다. 아버지가 열세 살 나던 해에 이 학당이 분천에 들어선 것이다.

아버지가 어느 학교에 다녔는지는 분명치 않다. 일본인이 세운 공립학교에 다녔는지 아니면 중석이 지은 삼일학교에 다녔는지는 모르지만, 처음에는 공립학교에 다니다가 나중에는 삼일학교에 다녔을 공산이 크다. 그는 일본으로 건너가기 전에 어느 정도 일본어를 알고 있었고 수학과 과학 지식도 상당한 수준에 이른 상태였다. 그런 지식은 서당이 아닌 학교에서 배웠으리라 짐작된다.

할아버지는 맏딸 계석을 수원의 최씨 집에 시집보내고 혜석과 지석을 서울의 진명학교進明學校로 보냈다. 한국 안에 있다지만 객지에서 학교 다니는 일은 그 당시 외국 유학이나 다름없었다. 그러나 아들인 아버지는 20세가 되도록 그대로 수원에 남아 있었다.

할아버지는 외아들인 나의 아버지를 일찌감치 결혼시켜 대를 이을 손을 보기를 원했다. 그래서 그가 열네 살이 되던 해에 역시 수원 근처 유복한 집안의 규수 박부리朴富利와 결혼을 시켰다. 전통적인 풍습에 의해 두 집안 어른들 사이에서 합의된 혼인이었다. 혼례가 치러지는 날 비로소 당사자들이 대면하는 방식이었다.

아버지는 언젠가 당시의 일을 회상하며 나에게 이렇게 말했다.

"초례청初禮廳에서 처음 본 그 여자는 머리가 크고 어깨가 좁고 다리가 짧은 전형적인 서울 여자더라. 서울 근처에는 그런 유형이 많았지. 그 여자를 보는 순간 가슴이 철렁 내려앉고 이건 아니라는 생각이 들었다."

얼떨결에 어른들이 시키는 대로 혼례를 치른 아버지는 그러나 색시 방에는 한사코 들어가려 하지 않았다. 그는 해가 떨어질 때까지 밖에서 맴돌다가 어두워지면 어머니 방에 기어들거나 사촌 형 댁에 가서 잠을 잤다. 처음에는 어려서 그러려니 했던 어른들도 사태가 심상치 않음을 눈치채고 걱정하기 시작했다. 매도 들고 타일러도 보았으나 어린 신랑은 막무가내였다. 어머니나 사촌 형이 방에서 쫓아내면 자기 방으로 가지 않고 대문 밖 쓰레기통 위에서 웅크린 채 자는 것이었다.

당시는 아무리 금슬이 안 좋아도 이혼이라는 것은 생각할 수도 없는 시대였다. 더욱이 색시에게 아무런 허물도 없는 이상 도리로 보나 법도로 보나 그녀는 엄연히 나씨 집안의 며느리요, 귀신이 될 사람이었다. 그러나 할아버지는 아버지의 기피가 단순한 수줍음이나 낯가림에서 오는 것이 아니라 도저히 극복할 수 없는 어떤 본능적 거부감에서 오고 있음을 인정하지 않을 수 없었다.

온갖 설득과 방도가 실패로 돌아가자 할아버지는 이 불쌍한 며느리를 위해 서울 익선동에 집을 사서 그곳에서 살게 해주었다. 결혼 초 분천 시댁에서 보낸 짧은 기간을 빼고 그녀는 평생 동안 서울의 그 집에서 혼자 살았다.

아버지도 그 여자가 불쌍하지 않은 것은 아니었다. 자신의 책임이 막중한 것도 모르는 바 아니었다. 미안하고 민망한데도 그녀를 아내로 맞이하지 못하는 자신이 안타까웠으나 상대를 보면 벽처럼 가로막는 거부감을 어떻게 할 수가 없었다. 그 괴로움은 죽음까지도 생각하게 할 만큼 심각한 것이어서 그는 '죽고 싶다'는 말을 자주 했다.

내가 경기고녀京畿高女에 들어가던 해에 아버지는 익선동 아주머니 이야기를 처음으로 들려주었다. 나는 나의 어머니와 호적상의 어머니가 다르다는 사실을 들었을 때 충격을 받았다기보다 그 뜻을 잘 알 수가 없어 얼떨떨했다. 부모님은 미룰 수 있을 때까지 미루다가 내가 여학교에 들어가 입학절차로 호적등본을 내야 할 단계가 되자 마지못해 내게 사정을 털어놓은 것이다. 사실 그런 내용을 열두 살 먹은 딸에게 털어놓기란 쉽지 않았을 것이다.

나중에 안 일이지만 어머니는 그날 밤 한숨도 못 잤다고 한다. 아버지는 이야기하면서 거의 감정을 보이지 않았다. 아니 감추고 있었다고 하는 편이 더 맞는지도 모른다. 말소리가 유난히 조용했던 것이 억누른 감정의 표현이었을 터이다. 아버지는 "지금까지 이야기는 하지 못했으나 그런 분이 있는데 불쌍한 사람이니 학교에서 오는 길에 이따금 들러보라." 하고 내게 말씀하셨다.

당시 경기고녀는 재동齋洞에 있어 비원秘苑 앞인 익선동은 그리 멀지 않았다. 나는 동정심이라기보다 호기심에서 하교길에 이따금 익선동에 들르곤 했다. 나는 그이를 아주머니라고 불렀다.

아주머니는 쪽진머리에 언제나 흰 수건을 두르고 짤막하게 입은 치마 위에 행주치마를 걸치고 있었다. 늘 편두통이 있어 머리가 시린 탓에 수건을 써야 한다고 말했다. 얼굴은 추한 편은 아니었지만 어딘지 남자 같았다. 아닌 게 아니라 머리와 얼굴이 전신의 5분의 1은 되어 보이고 여성적인 미나 매력과는 거리가 멀었다. 그이는 학교에 다닌 일도 없었다.

무던히 착한 성품이어서 내가 가면 반가워하며 여름이나 겨울이나 계절과 관계없이 부엌에서 떡국을 끓여 김치 한 그릇과 상에 놓아 갖다 주었다. 국물에 둥둥 뜬 떡을 건져 먹고 나면 하직 인사를 하고 나오는 것이 관례였다.

아버지의 부탁도 있고 나 자신의 호기심도 있어서 이렇게 찾아가긴 했어도 사실 나와 그 아주머니 사이에는 수인사를 나누고 나면 할 말이 전혀 없었다. 한번은 너무 잠자코 있기가 민망해서 벽에 걸린 시계를 쳐다보며 "저 시계가 빠른가 봐요." 했더니 아주머니는 귀에 손을 갖다 대며 "시계가 빨래를 해?" 하고 뚱딴지같은 소리를 했다. 하직 인사를 하고 밖으로 나오면 무슨 고역이라도 치르고 난 듯한 느낌이었다. 당시 아버지의 나이가 50대 초반이었으니 아버지보다 세 살 위인 그 아주머니는 50대 중반이었을 터인데 내가 보기에는 아주 할머니 같았다. 여성미에 예민한 아버지와 그 아주머니 사이에는 어린 내가 보기에도 통할 만한 구석이라고는 전혀 없었다.

아버지가 일본으로 유학하러 간 데에는 여러 가지 이유가 있겠으나 이 불행한 결혼에서 벗어나려는 의지도 적잖이 작용했을 것이다. 아버지가 유학을 떠난 것은 1910년, 그러니까 20세가 되던 해의 일이요 을사늑약이 체결된 해이기도 했다.

───

1910년 봄에 일본으로 건너간 아버지는 먼저 세이소쿠영어학교正則英語學校라는 예비학교에 들어갔다. 이광수, 최남선, 신익희, 장덕수를 비롯하여 한다 하는 인물들이 모두 이 학교를 거쳤다. 후일 3·1운동 기수의 한 사람으로 이름을 떨친 백관수白寬洙도 재학 학교 이름이 세이소쿠로 되어 있다. 정치 활동을 하느라고 대학엔 들어가지도 않았던 것 같다. 한국 학생뿐 아니라 일본의 유명인들 중에도 학생 시절 이곳에 다닌 사람들이 많았다. 사회운동가 히라쓰카 라이초平塚雷鳥, 영문학자 이치카와 산키市川三喜, 이시카와 다쿠보쿠石川啄木, 사이토 모키치齋藤茂吉, 영화배우 사부리 신佐分俚信, 소설가 야마모토 슈고로山本周五郎 등이 모두 이 학교를 다녔다니 참 재미있는 일이다.

현재 100년이 넘는 역사를 자랑하는 세이소쿠학원은 1896년 사이토 슈사부로齋藤秀三郎에 의해 간다쿠神田區 니시키초錦町에 세워졌다. 교사는 지금도 그 자리에 있고 세이소쿠라는 이름도 그대로 남아 있다. 세이소쿠라는 특이한 이름은 사이토가 학교를 세울 때 동참한 덴포 히사타로傳法久太郎가 "지금까지의 영어 교육이 변칙적인 것이었으니 우리는 정칙영어라고 하면 어떨까." 하고 제안한 것을 사이토가 받아들여 붙인 것이다.

　내가 찾아갔을 때 맞아준 교무주임은 이 학교에는 과거나 현재나 학생 명단이 없다고 했다. 그것은 다른 학교와 달리 학년제가 아니고 수시로 학생을 모집하는 한편 학생은 다니고 싶은 만큼 다니다가 아무 때나 그만두고 나갈 수 있기 때문이다.

　1910년 아버지가 다녔을 당시의 세이소쿠학교는 예과(중학교 정도), 보통과(고등학교 정도), 보통수험과普通受驗科, 고등수험과高等受驗科, 보수과補修科가 있고 그 위에 고등과와 문학과를 두었으며 오전, 오후, 야간으로 나뉘어 수업을 진행했다. 짐작건대 아버지는 고등수험과에 다녔을 것으로 보인다.

　아버지는 수학엔 별 어려움을 안 느꼈으나 영어가 어려워 애를 먹었다고 회상한 일이 있다. 그는 세이소쿠학교의 방식대로 영어를 공부할 때 문법을 따지지 않고 문장을 외웠다. 그리고 단어와 뜻을 적은 쪽지를 들고 다니면서 틈틈이 외우고 하숙방 천장과 화장실 벽에도 쪽지를 붙여 기회 있을 때마다 주문 외우듯 했다.

―――

　아버지는 일본으로 갈 때 어떤 생각과 포부를 품었을까? 인습적인 혼인의 굴레를 벗어나 자유로운 미래로 도약하고 싶었을 것이다. 그리고 한편으로는 격동기의 조선 사회가 빚어내는 불협화음과 굴절 현상을 걱정하며 책임 있는 사회의 일원으로 힘써보자는 포부도 있었을 것이다.

당시 일본 유학생은 대부분 문과 아니면 법과에서 공부했다. 그러나 아버지는 공과를 택했다. 적성의 문제도 있었겠지만 아버지 나름으로 사회가 발전하려면 공업기술이 필요하다는 생각을 가졌기 때문이다.

일본 유학은 일본에 동화되기 위한 것이 아니라 개화에 한발 앞선 일본에서 필요한 것을 배우기 위함이었다. 당시 그들의 의식을 지배했던 것은 강제 병합당한 나라에서 어떻게 하면 살길을 찾느냐 하는 것이었다. 그들은 무지한 일반 국민을 계몽하고 의식 수준을 높이고 문화를 발전시키는 것을 자신들의 당연한 사명으로 받아들였다. 그것은 수적으로 적은 지식인의 긍지요 의무였다.

대학생들의 이러한 자부심과 책임감은 3·1운동을 비롯하여 광주학생 항일운동, 4·19혁명, 군사독재 반대 운동 등 한국 특유의 학생운동 전통을 만드는 데 기여했다.

3장

사회주의자가 된 식민지 유학생

세이소쿠학원에서 필요한 영어 공부와 다른 과목의 보충수업을 마친 아버지는 1911년 도쿄고등공업학교에 입학했다. 당시 도쿄의 구라마에藏前라는 곳에 있었던 이 학교는 멋진 2층 벽돌 빌딩으로 된 본관과 여러 채의 교사, 교내 공장 등 선진적인 시설을 갖춘 곳이었다. 그러나 이 교사는 관동대지진 때 전소하고 말았다.

설립된 것은 1881년이고 처음에는 도쿄직공학교로 발족했다가 도쿄공업학교, 도쿄고등공업학교, 구제舊制 도쿄공업대학 등을 거쳐 오늘의 도쿄공업대학으로 발전했다.

이 학교의 손꼽힐 만한 특징은 일찍부터 외국 유학생에게 문호를 개방했다는 점이다. 중국을 비롯해 한국, 인도, 필리핀, 태국 등 아시아 각국 젊은이들은 일찍부터 일본의 기술을 배우고 싶어했다. 일본이 메이지유신明治維新 후 눈부신 발전을 이룩하고 청일전쟁과 러일전쟁에서 승리한 이유가 신속한 과학기술 도입 및 그 효율적인 적용에 있다고 보았기 때문이다. 각국은 유학생을 일본에 보내 기술을 배우게 했다.

아버지가 유학을 떠나던 1910년대의 도쿄역 풍경이다.

　현재 아름다운 현대적 교사를 가진 도쿄공업대학을 찾았을 때 도서관의 친절한 사서는 1910년대의 앨범을 보여주었다. 앨범은 졸업생들이 보관해오다 학교에 기증한 것이라고 했다. 안타깝게도 아버지 반의 사진은 없고 한 학년 위인 다이쇼大正 12년(1913년)에 졸업한 학생들의 사진이 있었다. 교사, 교기, 교장, 교직원들의 사진에 이어 각과 학생들의 그룹 사진과 개인 사진이 수록된 앨범에는 실험실에서 학생들이 실험하는 장면을 담은 사진이 여러 장 실려 있었다. 나의 눈을 끈 것은 사진 아래 적혀 있는 학생들의 이름이었다. 대개 열두 명쯤이 한 장에 찍혀 있는 실험실 사진 속 인물 중 서너 명이 중국인 아니면 인도인이었다. 그러고 보니 얼굴도 어딘가 다르게 보이는 듯했다.

메이지시대明治時代부터 다이쇼시대大正時代에 걸쳐 교장을 지낸 데지마 세이이치手島精一는 선진적인 신기술을 외국인에게 가르치는 것에 대한 일말의 우려와 주저를 느꼈다고 한다. 그러나 그런 '쩨쩨한 심사를' 버리고 일일지장一日之長이 있는 일본이 아량을 갖고 외국인 교육에 앞장서야 한다는 생각에서 문무성 당국을 설득하여 외국 학생을 수용할 제도를 마련했다. 그는 아버지가 도쿄고등공업학교(이하 도쿄고공)에 다닐 당시에도 교장으로 재직하고 있었다. 이런 교장 밑에 있었기 때문에 아마도 학교 분위기는 외국 학생이 지내기에는 불편함이 없었을 것이다.

나는 최근 일본에서 발간된 《외지의 일본문학》이라는 기획 출판물 중에서 '조선朝鮮' 편을 읽은 일이 있다. 여기에는 한국을 잘 알거나 한국에서 산 경험이 있는 일본 작가의 단편과 한국 작가들이 일제 강점기에 쓴 단편이 함께 실려 있다. 일본 작가들은 물론 일본어로 썼으나 한국 작가의 경우는 처음부터 일본어로 쓴 것도 있고 한국어로 썼다가 후에 일본어로 번역한 것도 있었다. 어떤 작가는 스스로 번역을 했다는데 여기서 놀라운 것은 그들의 수려한 일본어 문장이었다. 그것은 일본인 문학가의 문장에 조금도 손색이 없는 수준이었다.

아버지 세대의 유학생들이 겪어야 했던 언어적 장애와 학력 차이가 상당했으리라는 것은 쉽게 짐작이 간다. 그럼에도 불구하고 그들이 습득한 지식의 범위와 학력은 참으로 경탄을 금치 못하게 만든다.

아버지는 성품이 부지런하고 호기심이 강하며 다방면에 걸쳐 지적 관심도 대단했다. 자유분방한 다이쇼 문화가 만발하던 도쿄에서 그는 아마도 고향에서는 맛보지 못하던 문화의 향기를 만끽했을 것이다. 그런 속에서 개인적인 성취감이나 지적 만족을 느끼는 한편 일본과 같은 문화를 갖지 못하는 고국을 생각하지 않을 수 없었으리라. 그는 한국보다 앞선 일본의 문화가 한없이 부러웠고 그 부러움은 상대가 다름 아닌 일본, 한국을 강제 병합한 일본이기에 더욱 강력하고 절실한 것이었다.

옛날에는 한국 문화가 일본보다 앞서 있었다고 해봐야 아버지에겐 아무런 위안도 되지 않았다. 너무나 뒤처진 현재가 문제였다. 동물적 생존의 수준을 벗어나지 못하고 있는 민중의 삶, 후진적인 인습과 미신에 사로잡힌 사람들, 중요한 판단을 지성이나 논리가 아닌 사사로운 감정과 파벌싸움으로 처리하는 습성, 눈앞의 사소한 이득에 좌우되어 미래를 저당잡는 우매함…….

그에 비해 일본 사람들은 얼마나 앞서 있는가. 얼마나 위생관념이 철저하고 공사 구분이 분명하고 공중도덕이 확립되고 책임감이 투철한가. 문화적인 발전상을 보더라도 그들은 문호개방 후 대담하게 서구 문명을 수용해 각 분야에서 선진국을 본뜬 대개혁을 착착 진행해 나가고 있었다. 과오나 차질도 있었으나 전체적으로 볼 때 그 성과는 부인할 수 없이 큰 것이었다.

어떻게 하면 일본을 따라갈 수 있는가. 합병은 한국인으로 하여

일본 유학 시절의 아버지와 친구들. 앞줄 가운데, 흰옷을 입은 사람이 나의 아버지 나경석이다.

금 어떤 문제에서든 일본을 절대 예사롭게 보아 넘길 수 없게 만들었다. 무엇을 보아도 비교하고 우열을 재고 상대를 이기는 길을 모색하지 않을 수 없게 만들었다.

이 콤플렉스는 한국이 독립한 지 수십 년이 더 지난 오늘까지도 이어져 내려온다. 가장 두드러진 예가 운동경기 중계방송이다. 어떤 경기든 일본을 상대로 할 때는 단연 열기를 띤다. 방송 해설자도 우리가 꼭 일본을 이겨야 한다는 말을 서슴없이 되풀이한다. 일본을 상대로 졌을 때 사람들이 느끼는 비통함은 다른 나라에 패했을 때보다 열 배 스무 배가 넘어 보인다. 이겼을 때의 기쁨도 상대가 일본일 때에는 그 강도가 완연히 달라진다.

아버지는 일본의 문화를 피부로 느끼면서 따라가야겠다는 초조함과 무엇이든 해야겠다는 의무감에서 닥치는 대로 책을 읽었다. 문학, 철학, 종교, 정치, 고고학, 역사를 가리지 않았다. 신교동 우리 집 책장에 꽂혀 있던 '세계문학전집' '나쓰메 소세키 전집' 러시아 문학 작품집, 신구약 《성경》 《삼국지》 《삼국유사》 《이조실록李朝實錄》, 야나기 소에쓰柳宗悅의 《조선의 상床》, 서양명화집, 쓰보우치 쇼요坪內逍遙가 번역한 '셰익스피어 전집', 구라타 모모조倉田百藏의 《사랑과 인식의 출발》 등은 아버지의 산만하지만 광범위한 독서 경향을 반영하는 것들이었다.

아버지의 책장에서 책을 골라 읽는 것은 내가 산 책을 읽는 것과는 조금 달랐다. 그것은 아버지의 세계를 엿보고 함께 나누는 듯한 쾌감을 주었다. 당시 나는 무의식중에 아버지의 지적 수준을 따라

가는 것을 목표로 삼았다. 열한두 살 때부터 내가 의미도 모르면서 아버지의 책들을 읽은 것은 그러한 욕망 때문이었다.

―――

 총독부의 요감시인물 조사서에 나오듯 그가 오스기 사카에를 알고 사회주의 사상에 관심을 쏟기 시작한 것은 대체로 1913년경의 일로 짐작된다. 당시 일본 유학생들 중 사회주의자가 된 사람은 굉장히 많았다. 거의 모두가 일단 사회주의를 통과의례처럼 거쳐 갔다고 해도 과언이 아니다.
 메이지시대에 구미의 선진적 사상으로 일본에 도입된 사회주의는 민족자결론과 만민평등론을 표방했다. 이 이론은 일본의 식민지가 된 한국의 젊은이들에겐 강력한 호소력을 가질 수밖에 없었다. 일본인들에게서 차별과 억압을 받아온 유학생들은 사회주의자라면 일본인이라도 동지가 될 수 있다고 믿었다. 사실 그들은 같은 일본인이라도 훨씬 한국인에게 동정적이었다. 이러한 믿음은 유학생과 재일 한국인의 운동을 자연스럽게 좌경화시켰다. 그들은 사회주의운동에 가담함으로써 한·일 프롤레타리아 연합을 통해 식민지의 해방을 성취할 수 있지 않을까 하는 막연한 기대를 품었다. 그러나 그것은 어디까지나 희망적인 관측에 불과했다.
 한편 일본인 사회주의자들은 한국인 노동자와 좌익 유학생들을 끌어들임으로써 자신들의 운동 세력을 확장하려는 의도를 품고 있었다. 그들은 식민지의 독립운동이 어떤 것인지에 대해 근본적

20세기 초 일본의 사회주의운동을 이끌었던 오스키 사카에. 아버지는 청년 시절 그의 사상에 심취해 사회주의자가 되셨다.

인 이해가 부족했다. 일본의 사회주의자들에게 가장 중요한 목표는 프롤레타리아 해방운동이었다. 자연히 식민지인들의 독립운동은 그보다 한 단계 낮은 것으로 인식될 수밖에 없었다. 민족해방이라는 비원의 절실함을 이해하지 못한 것이다. 한국 유학생들은 달랐다. 사회주의와 독립운동 중 어느 것을 우선시키느냐고 할 경우 그들은 당연히 독립운동을 앞세웠다.

  일본의 사회주의는 20세기 초 새로운 사상으로 서구로부터 소개되었고 많은 젊은이가 하나의 이상적 이념으로서 그것을 신봉

했다. 오스기 사카에는 군인의 아들로 태어나 일찍부터 사회주의 운동을 벌인 다부진 혁명가였다. 일본의 군부나 당국이 그를 극도로 위험시한 이유는 고토쿠 슈스이幸德秋水나 사카이 도시히코堺利彦와 함께 그가 천황제를 부인했기 때문이다. 이것은 일본의 국체와 국시를 부정하는 일이었다. 그들의 반전론도 청일전쟁과 러일전쟁의 승리를 찬양하는 사람들에게는 반국가적인 이론이었다.

1906년경부터 그는 점진적 개혁 노선에서 이탈하여 노동자들의 직접적인 혁명 가담을 주장하는 노선을 걸었다. 사회주의자들 간에서도 경파硬派라고 불리는 그 노선을 오스기 자신은 개인주의적이고 생디칼리슴Syndicalisme적인 무정부주의라고 불렀다.

그가 주장하던 생디칼리슴은 노동자 계급이 주축이 되어 자본주의 제도를 타파하고 노동조합을 조직 단위로 한 사회를 만들자는 주장을 펴고 있었다. 생디칼리슴이 사회주의와 다른 점은 국가의 존재를 부정한 데 있다. 이 이론은 1900년에서 1914년 사이에 프랑스뿐 아니라 스페인, 이탈리아, 영국을 비롯하여 전 세계에 널리 전파되었다. 오스기는 프랑스 체재 중 이 사상을 접한 뒤 자신의 사상 체계에 접목했다.

나는 아버지의 이론 체계를 구체적으로 들어본 일은 없다. 그러나 그는 이따금 '아나키즘'이니 '제너럴 스트라이크'니 하는 말을 입에 올리곤 했다. 이제 돌이켜보니 그런 용어들은 생디칼리슴의 맥락에서 나온 말들이었다. 아버지의 사고와 활동은 오스기에게서 배운 생디칼리슴의 색채에 물들여진 것이 많다. 그가 나중에 벌

아버지 나경석(맨 앞에 앉은 사람)의 일본 유학 시절(1915년경).

인 물산장려운동이나 소비조합운동 등은 명백히 그 바탕을 생디칼리슴에 둔 것이다.

아버지는 솔직하고 꾸밈이 없는 성격을 지닌 분이었다. 좀 성급한 편이어서 화가 나면 소리 지르기도 했으나 무엇이든 질질 끌면서 속에 담아두는 일은 없었다. 상대의 재질을 파악하는 데 신속하고 일단 인정하면 경의를 표하는 데 인색하지 않았다. 조금 기인이기도 했으나 대범하고 천의무봉天衣無縫한 오스기를 그는 인간적으로 좋아했던 것으로 보인다.

아버지가 유학 시절에 찍은 사진에는 러시아식 루바슈카rubashka를 입은 것도 있고 이른바 장사풍壯士風 일본 옷에 하카마를 입고 찍은 사진도 있다. 이런 복장으로 팔짱을 낀 모습은 한편으로 치기가 엿보이면서도 다른 한편으로는 천하라도 움직여보겠다는 젊은 혈기가 깃들여져 있어 미소를 자아낸다.

사회주의 학습 시대를 지낸 뒤 그는 실제 활동을 시작했다. 첫 번째 활동은 글을 써서 발표하는 일이었다. 도쿄고공을 졸업하고 난 뒤인 1915년경부터 그는 〈학지광學之光〉에 자주 기고를 했다. 〈학지광〉은 도쿄 유학생들이 만들어 도쿄에서 발행한 잡지로 이광수, 장덕수, 나혜석, 최승만, 최승구, 최린, 최남선, 신석우 등 유학생들이 자신의 의견을 글에 담아 번갈아 발표하고 있었다. 수필체로 된 이 글들은 신변잡화에서 시국담에 이르기까지 각양각색인데 학생들의 사상과 동향을 잘 나타내고 있다.

아버지는 1915년 2월 〈학지광〉 4호에 '저급低級의 생존욕'이라는 글을 실었다. 생디칼리슴적 사고가 바닥에 깔린 이 글에는 그러나 거기까지 가기에는 아직 먼 한국 실정에 낙담하며 무슨 방도가 없을까 모색하는 모습이 역력하다. 그는 학교를 졸업한 뒤에도 계속 일본에 머물다가 신병 치료차 일시 귀국했을 때 이 글을 썼다.

(…) 한 달 10여 일 동안 경성에서 꿈결같이 지낼 동안에 처음으로 세상에 난 듯 경험한 일이 많이 있소. 병원에서 있을 때 매일 30분씩을 저립佇立하여 각색 환자가 왕래하는 것을 구경하니 생존욕의 절대 한도를 발휘한 수라장입디다. 주물러 만든 듯한 간호부가 대강이를 까딱 흔들면서 여러 환자를 인도한 후에 "요보 이리 와, 오소."("여보, 이리 와, 어서"를 일본인 간호부

가 일본식으로 발음한 것. 환자에게 경어 아닌 반말을 사용하고 있다). 송곳같이 서서 공연한 암상에 소리를 빽빽 지르니 보통 사람의 새끼들의 본능적 배외야만성排外野蠻性이라 그들의 의식적 악성도 아닌 줄 생각하오. 연발하는 모욕과 선입적 모멸에 대하야 감내하는 배달사람의 내구력도 위대하다 할는지 (…) 생명을 추하게 집착하는 이네들을 어찌하나! 일일이 붙들고 무엇을 성취하려고 생존에 노력하는지 물어보고 싶읍다.

한국인 환자를 경멸하는 뻣뻣한 일본인 간호부에 대한 묘사와 그것을 감수하는 환자들의 비굴한 꼴을 저급한 생존욕으로 정의한 표현에는 일본인에 대한 분노보다도 한심하기 짝이 없는 자국인에 대한 연민과 안타까움이 배어 있다. 그는 이어 수원에 내려가 자기 집 전답의 타작을 본 이야기를 한다. 그때 소작인들이 자기에게 보인 최대의 경의를 그는 '두량斗量이라도 후히 줄까, 땅마지기나 더 얻어 할까 하는 마음'이라 뚫어보았다.

그는 농민들이 자위자존自衛自存하는 유일한 방법은 제너럴 스트라이크와 사보타지밖에 없다고 했다. 그러면서도 '브나로드'(민중 속으로) 하면서 깃발을 높이 들 사람이 누가 있겠는가 하고 반문한다. 바로 대지주의 아들인 자기가 과연 '브나로드'의 기치를 들고 그들의 편에 서서 스트라이크나 사보타지를 영도할 수 있느냐는 근본적인 문제에 부딪혀 회의에 빠져드는 기미가 보인다.

생디칼리슴이 표방하는 노동자의 정신 교육이나 재능 같은 것은 아예 입에 담을 엄두도 못 내고 우선 그들의 의식부터 깨우쳐야 하는 딱한 실정을 보며 그는 절망감을 느꼈을 것이다. 그 절망감은 지주의 아들인 자신의 처지와 맞물려 자조적 시니시즘으로 나타난다. '세상일을 책상에서 한 번 웃고 땅에서 한숨질뿐이로구려.'

―――

아버지는 그 시기 많은 사회주의자들과 접촉했다. 그중에 도쿄에 유학 와 있던 정태신이라는 사람이 있었다. 그도 배일사상의 소유자로 독립운동을 하고 있었다. 아버지는 1914년 7월 중순 그를 위해 하세가와 이치마쓰長谷川市松에게 보내는 소개장을 써주었고 정태신은 그것을 들고 오사카의 하세가와를 찾아갔다.

정태신은 하세가와의 집에서 식객으로 머물면서 요코다 소지로横田宗次郎, 이쓰미 나오조逸見直造 등과 사귀게 되었고 그들의 사주를 받아 조선인 친목회를 조직하여 1914년 9월 1일부터 매월 월례회를 개최했다. 월례회는 표면상 친목을 위한다는 것이었으나 목적은 사회주의 사상을 보급하는 데 있었다.

매번 30여 명의 회원이 참석하던 이 모임은 1915년 1월 26일 정태신이 모종의 사명을 띠고 돌연 상하이로 떠나자 아버지가 뒤를 이어 관장하게 되었다. 회원들은 오사카에 사는 한국인 노동자 중에서 약간의 교육을 받은 층이었다. 그러니까 이 회합에 나온 사람들은 비교적 나은 처지의 사람들이었다.

당시 오사카에는 많은 한국인 노동자가 살고 있었다. 일본의 식민지 정책에 의해 땅을 빼앗긴 농민들이 갈 곳을 잃고 유민이 되었고 그중 일부가 일본에까지 흘러온 것이다. 조선총독부가 여행증명제도나 도항저지제도渡航沮止制度를 실시하여 한국인의 도일을 극구 막았음에도 불구하고 한국 유민의 수는 해마다 늘어만 갔고 오사카는 한국인 최대 거주지구가 되었다.

그들이 오사카에 몰린 이유는 1898년부터 그곳에서 항만공사를 하고 있어 일자리가 많았기 때문이다. 또 도시 확대에 따른 공사, 방적업, 메리야스·유리·시멘트 등 중소공업도 그들에게 밥벌이의 수단을 제공했다. 한국인들은 쓴맛 단맛 가릴 겨를도 없이 낮은 곳으로 흐르는 물처럼 그곳으로 흘러들어 왔다.

한국인 노동자들은 오사카시 일부에 밀집 거주했다. 1908년경부터 쓰루하시 기노초鶴橋木野町나 시시가이노猪飼野, 히가시고바시초東小橋町 등에 조선인 거리라는 것이 생기기 시작했다. 그들은 대부분 단신 벌이를 나온 남자들이었다. 그들은 메시바飯場라고 불리는 공동 취사장에서 밥을 먹고 그곳에서 새우잠을 잤다.

노동자의 수가 늘어나 메시바에 수용할 수 없게 되자 사람들은 근처에 오두막을 짓고 옮겨갔다. 그들이 사는 오두막은 판자로 벽을 치고 바닥에 다다미를 깐 것이 고작인, 엉성하기 이를 데 없는 거처였다. 한 사람이 차지하는 면적은 평균 다다미 한 장이 미처 못 되었다. 그들이 집단으로 밀집한 데에는 직장에서 가까운 곳이라든가 낯선 타향에서 한국인끼리 지내야 할 필요도 있었으나 한편으로는 일본인들의 편견도 작용했다. 일본 정부의 한 보고서에는 일본인 집주인의 다음과 같은 발언이 보인다.

나야 [방을] 빌려주어도 괜찮지만 센징을 들이면 위생상 불결하고 특히 많은 사람들이 나와서 날마다 싸움을 하니 굉장히 시끄러워요. 그래서 제발 센징에게는 세 주지 말아 달라고 이웃의 집주인들이 말하는 거예요.

좁은 공간에서 많은 사람이 끼어 자고 수도 시설도 목욕 시설도 제대로 갖춰지지 않은 환경은 소음과 비위생적인 불결을 가중시키는 악순환을 만들었다.

가혹한 것은 주거 조건만이 아니었다. 노동 조건도 마찬가지였다. 그들은 긴 노동 시간, 위험한 일, 불쾌한 일, 저임금을 감수해야만 했다. 일본인의 최저 임금은 일당 1원 10전인데 한국인은 단돈 85전이었다. 거기서 밥값 50전을 빼면 35전밖에 남지 않았다. 게다가 노동판에서 힘든 일은 으레 한국 사람 몫이었다. 몸이 아프거나 부상을 당해도 쉴 수가 없었다. 몇 명씩 한 조가 되어 일하는 마당에 누구 하나가 빠지면 지장이 생기기 때문이었다.

―――

아버지는 한국인 노동자들을 일일이 찾아다니며 그들의 생존 조건을 개선할 방법을 찾으려고 무던히 애썼다. 사재를 내어 취사장을 개선하고 숙소도 확장하고 이따금 친목회를 열어 그들의 사기를 북돋워 주기도 했다. 그러나 애는 애대로 써도 일의 효과는 좀처럼 나타나지 않았다.

일본 경찰의 감시가 심하여 아버지를 전담하는 형사가 따라붙었다. 6·25 때 없어진 아버지의 일기장에는 형사와 주고받은 대화가 단편소설처럼 적혀 있었다. 하도 귀찮게 따라다녀서 때로 골목을 잽싸게 누벼 그를 따돌리고 종일 돌아다니다 숙소에 돌아오면 형사가 집 앞에서 풀이 죽은 채 기다리고 있었다. 어딜 갔다 왔느냐고 따지기보다 형사는 아버지에게 제발 그렇게 감쪽같이 사라지는 일은 하지 말아 달라고 애원을 했다. 처자가 있는 몸으로 목이 달아나면 살길이 막막하다는 하소연이었다. 형사도 아버지로서는 동정해야 하는 무산대중의 한 사람이었다. 두 사람은 일종의 협정을 맺었다.

아버지는 크게 탈이 없는 한 그에게 자기 행방을 미리 알려주었다. 사실 형사가 알아서는 절대로 안 될 일은 없었다. 좌익 인사들에게도 감시가 다 붙어 있었고 아버지가 해야 할 일은 그들을 만나는 것이 아니었기 때문이다. 그러다 보니 나중에는 "공중목욕탕도 함께 가고 영화도 함께 보러 가며 친구처럼 되어버렸다."라고 아버지는 웃으면서 내게 이야기했다.

그러나 아버지는 오사카에 오래 머물지 못했다. 애써 조달한 적은 자금으로 시작한 제약사업이 실패로 돌아간 데다 학교를 졸업했으니 객지에서 돌지 말고 고향으로 돌아오라는 할아버지의 독촉도 만만치 않았다.

4장

고모 나혜석과 3·1운동

아버지는 이보다 앞선 1914년 서울에서 진명학교를 최우등으로 졸업한 누이동생 혜석을 유학시키기 위해 도쿄로 데려왔다. 그와 동시에 그녀의 친구 허영숙許瑛肅에게도 유학을 권했다. 여자라도 재능이 있는 사람은 공부해서 사회에 기여해야 한다는 것이 아버지의 생각이었다.

혜석은 어려서부터 유난히 영리한 데다 손재주가 있어 틈만 나면 종이에 노는 아이들이나 다듬이질하는 여인, 밭을 가는 농부들을 스케치했는데 그 솜씨는 누가 보나 범상치 않았다.

아버지는 형제 중에서 재기발랄한 혜석을 가장 사랑했다. 그는 재승박덕才勝薄德이라는 말을 자주 인용하며 재주가 뛰어난 사람은 덕이 부족하기 쉽다고 우리에게 경고하면서도 재주 있는 사람들을 좋아했다. 할아버지는 외아들 경석을 도쿄고공에 보냈으나 딸들은 서울의 진명학교에 다니는 것으로 족하다고 생각했다. 당시로는 그것도 과분한 일이었다.

그러나 혜석의 재주를 아꼈던 아버지가 설득에 설득을 거듭한

(왼쪽 아래부터 시계 방향으로) 최초의 여성 서양화가인 고모 나혜석, 고모부 김우영, 아버지 나경석, 작은고모 나지석, 이광수의 부인이자 한국 최초 여성 개업의 허영숙.

덕에 그녀는 1914년 가을부터 일본여자미술전문학교에 다니게 되었다. 고모 혜석은 아호를 정월晶月이라고 했다. 미인은 아니지만 시원한 눈매에 빛깔이 깨끗한 용모로 독특한 매력이 넘치는 여자였다. 그래서 도쿄 유학생 사이에서 매우 인기가 높았다.

　같은 시기에 도쿄 유학을 하던 사람 중에는 춘원 이광수도 있었다. 1910년에 메이지학원을 졸업한 그는 고향인 정주로 내려가 5년 동안 오산학교의 교사로 일하다가 1915년 다시 일본으로 건너가 와세다대학 예과를 다니고 있었다. 그는 본과 철학과에 들어가기 전부터 본격적인 문필 활동을 하여 유학생 잡지나 한국의 신문에 많은 글을 발표했다. 신문 잡지에 낸 글은 주로 계몽적이고 애

아버지가 늘 천재라고 부르던 춘원 이광수.

국적인 것들이었다.

한편 그는 김동인, 전영택, 주요한 등과 함께 동인지 〈창조創造〉를 출간하며 순문학 정착을 도모했다. 그의 문학사적인 공적은 매우 크다. 그는 아무도 시도한 일이 없는 구어체로 소설을 썼고, 예전의 권선징악적 설화의 테두리를 탈피해 인간 심리를 심층적으로 파고들었으며, 현대적인 의미에서 작중 인물의 성격을 창조해내는 등 한국문학을 현대화하는 데 매우 중대한 공헌을 했다.

아버지는 늘 그를 천재라고 부르며 그의 온화한 인품과 뛰어난 재질을 찬양했다. 오사카에서 잠시 도쿄에 와 있던 아버지는 어느 날 찾아온 춘원에게 고모를 소개했다. 춘원이 고모를 보고 어떤 생각을 했는지는 분명치 않다. 다만 남달리 민감한 감각의 소유자인 그가 고모의 재기나 매력을 감지했으리라는 것은 쉽게 짐작할 수 있다. 그는 그 후 책을 빌리러 고모를 몇 번 찾아갔고 두 사람은 만남을 거듭했다.

그러나 두 사람 사이는 결정적인 단계로까지 발전하지 않았다. 이구열李龜烈의 《에미는 선각자였느니라》에 보면 춘원이 고모에게 청혼을 했으나 아버지가 반대해서 성사되지 않았다고 되어 있다. 이유는 춘원이 기혼자여서 아버지가 반대했다는 것인데 아버지의 춘원에 대한 각별한 우정으로 보나 아버지 자신이 후일 기혼자로서 중혼을 한 점으로 보나 그 이야기는 신빙성이 약하다. 다만 두 사람 사이에 결혼으로까지 갈 만한 감정의 고양이 생기지 않았다고 보는 쪽이 옳을 것이다.

춘원은 그 후 고모와 함께 유학 와서 여자 의과전문학교에 다니던 허영숙과 열렬한 연애 끝에 결혼했다. 고모는 언제나 춘원을 '오라버니'라 불렀고 허영숙 또한 아버지를 '오라버니'라고 불러 두 집안은 친척같이 지냈다.

고모 나혜석은 1914년 가을 도쿄에 가자마자 최승구崔承九라는 청년을 만나 사랑에 빠져 있었다. 최승구는 당시 게이오대학에 다니는 학생이었다. 얼굴이 갸름하고 마른 몸매에 총기가 충만하여 누구든 재사임을 한눈에 알 수 있는 청년이었다. 아버지와도 잘 아는 사이여서 두 사람은 잡지에 서로를 수신인으로 설정한 서한문을 발표하는 일이 잦았다. 소월素月이라는 필명으로 알려진 최승구는 예술적 기질과 유머 감각, 적극적인 애정공세로 고모의 마음을 사로잡았다. 멋도 부리고 익살도 넘치는 그와 함께 있으면 화제가 무궁무진했고 시간 가는 줄 모르게 즐거웠다.

두 사람은 아마도 유학생들의 모임인 '학우회學友會'에서 만난 것 같다. 이 모임에는 최한기崔漢基, 안재홍, 이명우李明雨, 신석우 같은 사람들이 멤버로 있으면서 잡지 〈학지광〉을 발행하여 국권 회복과 배일사상을 고취하는 데 힘을 쓰고 있었다. 1914년 창간된 〈학지광〉은 신익희를 발행인, 최승구를 편집인으로 도쿄에서 발행된 유학생들의 잡지였다. 고모는 이 잡지에 부지런히 기고함으로써 뛰어난 문재를 유감없이 발휘했다.

최승구와 고모는 열정을 불태웠으나 최승구는 당시 불치의 병으로 알려진 결핵에 걸리고 말았다. 넉넉지 못한 유학 생활을 하느라 먹고 입는 비용을 극도로 절약하며 무리한 생활을 하다가 걸린 병이었다. 병세가 악화해 자리에 눕게 되자 고모는 정성껏 그를 간호했다. 수발과 정성을 다한 보람도 없이 애인이 끝내 숨지자 고모는 여러 달 동안 정신이 혼미할 만큼 비탄에 빠졌다.

———

그해 여름 방학에 고모는 피곤한 심신을 달래기 위해 고향인 수원으로 내려갔다. 그때 마침 수원에 머물던 아버지를 찾아온 친구가 청구靑邱 김우영金雨英이었다. 그는 한 번 결혼했다가 상처해 독신으로 지내던 법학도였다. 사랑채 앞뜰에서 고모는 그와 마주쳤고 아버지는 누이동생을 그에게 소개했다. 이틀 밤을 아버지네 집에서 지낸 뒤 서울로 돌아간 김우영은 고모에게 긴 편지를 보내왔다. 자신의 환경과 외로움을 호소하며 결혼해주기를 청하는 내용이었다. 고모는 소월을 잃은 상처가 아직도 생생한 터에 그런 이야기가 귀에 들어올 리 없어 답장도 안 쓰고 내버려두었다.

그러나 편지가 계속 오는 바람에 고모는 결국 미안한 마음에서 답장을 써 보냈다. 고모의 답장을 받자 김우영은 당시 진귀하던 파인애플을 사들고 수원으로 다시 찾아왔다. 그러나 고모는 이번에는 그를 만나지 않았다. 김우영은 고모에게 도쿄 갈 때 편지를 달라는 전갈을 남기고 고향인 동래東萊로 내려갔다.

개학 때가 다가오자 고모는 너무도 간곡히 청하던 김우영이 딱하게 여겨져 도쿄 가는 날짜를 적은 엽서를 그에게 보냈다. 그녀가 탄 도쿄행 기차가 오사카에 닿았을 때 플랫폼에 사각모자를 쓰고 서 있던 학생이 고모를 향해 인사를 했다. 고모는 처음에 그를 알아보지 못했으나 차에 올라온 것을 보니 김우영이었다.

당시 교토제대에 다니던 그는 오사카까지 나와서 고모가 탄 기차가 지나가기를 기다린 것이다. 그는 아마 고모가 교토에서 내려주기를 바란 것 같았으나 고모는 일행이 있어 도쿄로 직행하고 김우영은 혼자 교토에서 하차했다. 그러나 김우영이 오사카까지 마중 나온 사실을 쉽게 잊을 수 없었다.

그 후 김우영은 도쿄제대 청년회 웅변대회에 나가기 위해 도쿄에 와서 히가시오구보東大久保에서 하숙하던 고모를 찾아왔다. 그는 도쿄에 머무는 동안 날마다 찾아와 고모의 방에서 원고를 정리하고 밤이면 여관으로 돌아가 편지를 써 보냈다.

고모의 회고에 의하면 그의 편지, 말, 행동은 온통 감정과 열정뿐이었다. 고모는 그 열정을 받을 때마다 기뻤고 자기도 모르게 그 열정 속에 녹아 들어갔다. 그는 교토에 살면서도 틈만 나면 도쿄까지 고모를 찾아왔다. 이렇게 김우영은 여러 해를 두고 몇 번씩 청혼했다. 그러나 고모는 좀처럼 응낙하지 않았다. 우선 최승구를 잃은 상처가 아직 아물지 않았기 때문이고 또 하나는 김우영이 말하는 사랑의 본질이 본능적 욕망에 불과한 것이 아닐까 하는 의혹을 지울 수 없었기 때문이다.

김우영의 구애가 뜨겁고 끈덕질수록 그가 구하는 것이 과연 나혜석이라는 한 개인일까 하는 의심이 들었다. 그의 사랑이 본능적인 욕망이라면 그것은 상대가 꼭 자신이 아니더라도 무관하고 하필 나혜석을 요구할 필요가 없다는 생각이 들었다.

전 인류 중 하필 너는 나를 구하고 나는 너와 짝지으려 하는 데는 네가 내게 없어서는 아니 되고 내가 네게 없어서는 아니 될 무엇 하나를 찾아 얻지 못하는 이상 그 결혼생활은 영구치 못할 것이요 행복치 못하리라는 것을 나는 일찍이 깨달았던 것이었습니다. 그렇다고 나는 그를 놓기 싫었고 그는 나를 놓지 아니하였습니다. 다만 단행을 못할 따름이었습니다.

김우영과의 교제가 어정쩡한 상태에서 1918년 미술학교를 졸업한 고모는 한국으로 돌아와 정신여학교에서 미술을 가르치기 시작했다. 그때 아버지는 이미 귀국하여 중앙학교에서 화학과 물리를 가르치고 있었다. 중앙학교는 아버지의 친구 김성수金性洙가 세우고 송진우宋鎭禹가 교장으로 있는 학교였다. 모두 패기만만하고 쟁쟁한 인사들이었다. 교사들 대부분이 일본 유학생 출신이었고 반일사상과 독립정신이 투철했다. 이러한 기질은 중앙학교를 명문으로 만들기에 충분했다.

―――

그러나 아버지도 고모도 교직 생활은 오래 하지 못했다. 이듬해인 1919년 3·1운동이 일어났기 때문이다. 3·1운동은 천도교, 불교, 기독교, 대종교 등 종교인과 국내 지식인, 일본 유학생 그리고 멀리는 미국 유학생, 하와이와 상하이에 있는 망명정부 요인들이 일체가 되어 치밀하게 꾸민 일대 거사였다. 이러한 거국적 단결은 한국의 역사상 보기 드문 예이다.

1917년 스톡홀름에서 만국사회당대회가 열렸을 때 중국에 가 있던 독립운동가들은 대표를 파견하여 한국 독립을 인정해 줄 것을 요청했다. 또 같은 해 뉴욕에서 세계약소민족회의가 열리자 그곳에도 대표를 보내 한국의 독립을 국제 여론에 호소하려고 했다. 하와이에 가 있던 이승만은 1919년 1월 파리 평화회의가 시작되자 파리행 여권을 신청했다. 회의 참석차 파리에 가 있던 윌슨 대통령을 직접 만나 한국의 독립을 호소하기 위해서였다. 윌슨 미국 대통령은 이승만이 프린스턴대에 다닐 때 은사였고 그 후에도 가깝게 지내는 사이였다. 그러나 여권은 끝내 나오지 않았다.

다름 아닌 윌슨 대통령 자신이 여권 발급을 중지하라고 미국 정부에 지시한 것이다. 그것은 정치적 이유 때문이었다. 당시의 상황은 일본이 제1차 세계대전에 참전한 후 영·미의 우방으로 부상했고 미국은 장차 동양의 평화를 유지하기 위해 일본의 협력이 절대로 필요하다고 보았다. 그런 시기에 이승만이 파리 평화회의에 나타나 한국 독립을 호소한다면 일본의 심기를 건드릴 우려가 있었다. 그래서 윌슨은 여권을 발급을 중지시킨 것이다.

그러니까 이 시기에 한국이 국제회의에 호소하여 독립을 획득할 가망은 처음부터 거의 없었다고 보아야 할 것이다. 이승만은 윌슨이 내린 지시 내용을 알고 펄펄 뛰었으나 속수무책이었다.

그러나 국내의 독립운동가들은 희망을 버리지 않았다. 독립운동은 가능성이 있으면 하고 없으면 안 하는 것이 아니었다. 가능성과는 상관없이 당위성에서 독립을 목표로 할 뿐 성패는 계산 밖에 있는 것이다. 독립운동가들은 민족자결주의를 대의명분으로 들며 교육과 계몽 및 종교를 통해 그 사상을 민간에 고취하려고 했다. 민족자결주의는 제1차 세계대전 직후 베르사유에서 열린 강화회의에서 윌슨 대통령이 주장한 원칙이다. 그러한 그가 자신이 내세운 원칙에 어긋나는 행동을 한 것은 아이로니컬하다.

사실 이 원칙에 의해 오스트리아에 예속됐던 체코슬로바키아, 유고슬라비아, 루마니아가 독립했고 러시아의 지배를 받던 폴란드, 핀란드, 에스토니아, 리투아니아, 라트비아 등도 독립을 획득한 바 있었다. 그러니 한국이라고 독립을 못 할 이유가 어디 있는가. 하와이의 이승만은 파리회의에 가는 데 실패했으나 상하이에 모인 지사들은 김규식을 파리에 보내는 데 성공했다. 또 장덕수는 일본으로, 여운형은 러시아로 가서 각계 인사와 만나 독립을 주장하는 의사를 전달했다. 국내와 일본, 만주, 시베리아 각지에서도 독립의 희망과 의지가 부풀어 올랐다.

이런 정세 속에서 도쿄 유학생 600여 명은 1919년 2월 8일 도쿄의 기독교청년회관에 모여 이광수가 기초한 '독립선언문'을 낭독하고 결의문을 발표했다. 그리고 독립선언문과 결의문을 각국 대·공사관과 일본 정부 각 부처, 참중양의원, 총독부, 신문·잡지사에 널리 배포했다. 영문으로 번역된 선언문은 미국으로도 보내졌다. 이 사건을 전해 들은 국내 인사들을 크게 자극을 받아 전국적인 운동을 일으키는 계기를 마련했다.

한편 국내에서는 2월 27일 최남선이 완성한 '독립선언서' 2만 1,000장을 이종일李鍾一이 자신의 인쇄소인 보성사普成社에서 비밀리에 인쇄했다. 선언서는 2월 28일 국내뿐 아니라 만주, 러시아, 중국 각지로 배포되었다. 앞서 이광수가 쓴 선언문도, 최남선이 쓴 선언서도 백성의 비원이 절절히 배어든 명문이었다. 거사 날은 1월 22일 승하한 고종의 인산因山인 3월 3일과 일요일인 3월 2일을 피한 3월 1일로 결정되었다.

3월 1일 오후 2시. 천도교의 손병희, 기독교의 이승훈, 불교의 한

도쿄에서 일어났던 2·8독립선언 주역들의 모습. 가운뎃줄 왼쪽부터 최팔용, 윤창석, 김철수, 백관수, 김도연, 송계백의 모습이 보인다.

용운을 비롯한 33인의 지도적 인사가 서명한 독립선언서가 인사동 태화관泰和館에서 발표되었다. 이어 탑골공원에 집결한 군중 앞에서 무명의 젊은 학도에 의해 선언문이 낭독되었다. 선언문은 군중을 감동케 하고 흥분시키기에 충분했다. 군중들은 만세를 외치며 시가행진을 시작했다. 그러나 운동을 주동한 민족 대표들은 시가행진에 참여하지 않았다. 선언문 낭독이 있기 전 일본 경찰에 자진 출두하여 체포되었기 때문이다.

극비리에 진행되었다고는 하나 3·1운동 계획을 총독부가 몰랐다는 것은 믿기 어려운 일이다. 그것을 설명하는 한 비화가 있다.

당시 신철申哲이라는 총독부 정치사찰 형사가 있었다. 민완으로 이름을 날리던 그가 거사 계획을 모를 리 없다고 본 주모자 측에서는 2월 24일경 천도교 간부인 최린崔麟을 그에게 보냈다. 최린은 거사 계획을 솔직히 털어놓고 동족으로서의 양심에 호소하며 눈감아 줄 것을 당부했다. 신철은 "다 알고 있습니다. 그러나 보고는 하지 않았습니다. 저도 조선 사람입니다." 하며 웃었다. 그 뒤 그는 상부에 허위 보고서를 내고 신의주로 갔다. 3·1운동이 일어나자 체포된 그는 청산가리를 먹고 자결했다.

  3월 1일과 거의 때를 같이하여 전국 방방곡곡에서 태극기를 든 군중이 거리로 나와 만세를 부르며 시위를 했다. 그 후 근 일 년이나 이어진 이 운동은 가담한 군중의 총수가 200만 명을 넘었고 시위 횟수는 1,500여 회이며 체포당한 인원이 4만 6,948명, 피살자가 7,509명, 부상자가 1만 5,961명이었다. 또 일본 관헌이 불사른 민가가 715채, 교회가 47채, 학교가 2개 소에 이르렀다. 수원 제암리에서는 경찰관들이 교회 안에 수십 명의 주민을 감금하고 밖에서 불을 질러 전원을 태워 죽인 사건도 있었다.

  그 규모로 보나 동원된 일반 시민의 수로 보나 또 관헌의 심각한 대처 상황으로 보나 이 운동은 사상 드물게 큰 사건이었다. 3·1운동의 기세가 얼마나 대단했는지는 당시 일본 군경 측 사상자가 141명에 달했다는 사실로도 확인된다.

앞서 말했듯 아버지는 당시 일본에서 귀국하여 송진우가 교장으로 있는 중앙학교에서 교편을 잡고 있었다. 3·1운동이 비밀리에 기획될 때 교장 송진우, 교사 현상윤, 교주 김성수는 그들이 사는 학교 구내 사택을 아지트로 사용하며 밤마다 모의를 했다. 당연히 아버지도 그들의 밀의에 가담했다. 거사 날에 대비해서 그들은 각자 일을 분담했다.

아버지가 맡은 일은 2월 28일 인쇄된 독립선언서 1,000장을 만주 지린吉林으로 가지고 가서 그곳에 있는 손정도 목사에게 전달하는 일이었다. 아버지는 계획대로 2월 28일 지린으로 떠나 무사히 인쇄물을 전달했다. 전달된 선언문은 즉시 그 일대와 연해주의 교포들에게 배포되었다. 다음날은 바로 3월 1일이었다. 서울에서는 일이 벌어졌을 것이다. 궁금했으나 현장에 갈 수 없는 아버지는 동지들에게 부탁하여 총기 10정을 구입했다.

3월 2일 귀국행 기차를 탄 아버지는 큼직한 이불 보따리와 트렁크 속 옷갈피에 총을 나누어 숨겼다. 압록강 북쪽에 있는 안동역安東驛에 기차가 정거하자 세관검사가 시작되었다. 검사에는 고등계 형사가 입회했다. 3·1운동이 일어난 직후라 비상망은 철통같았다. 아버지처럼 서투른 아마추어가 꾸민 밀반입 계획은 어린애 장난같이 어림없는 노릇이었다.

총독부 신상조서에서 살인강도 미수 운운한 것은 이 사건을 두고 한 말이다. 그 자리에서 체포되어 압송당한 아버지가 재판에 회

부된 것은 말할 것도 없다. 나는 아버지가 총을 가지고 압록강을 건너오다가 붙들렸다는 이야기를 들은 기억이 난다. 그동안 흐른 시간의 길이 때문인지, 아니면 기억의 세부를 지워버리는 망각의 작용 때문인지 아버지의 이야기는 담담하고 간단했다. 그런 행동을 자랑하는 일도 없었고 형무소에서 고생한 일을 과장해서 말하는 일도 없었다.

―――――

지금까지 한반도에서 펴온 군벌 정책이 효과를 거두지 못하고 오히려 3·1운동 같은 소요 사태를 불러일으켰다고 판단한 총독부에서는 정책에 수정을 가하기로 했다. 그들이 강경 일변도에서 융화정책으로 방향을 바꾸면서 운동의 주모자나 아버지와 같은 지식인 인사들에 대한 처벌을 상당히 가볍게 한 흔적이 있다.

다만 아버지의 경우, 사상범이나 독립운동가로 취급하는 대신 살인강도라는 죄목을 붙인 점이 눈에 띈다. 형기가 3개월인데, 이것은 살인강도에게는 터무니없이 가벼운 형량이다. 형을 가볍게 하는 대신 흉악범이라는 모욕적인 낙인을 찍은 점에 그들의 저의가 엿보인다. 지성인은 명예를 가장 중히 여긴다는 점에 착안하여 바로 그 명예에 오점을 남기려고 한 것이다.

3·1운동이 일어나기 얼마 전부터 고모 나혜석은 외국인 선교사가 운영하는 이화학당 기숙사 지하실에서 비밀리에 신마실라申麻實羅, 박인덕朴仁德, 김활란金活蘭, 신준려申俊勵, 김마리아金瑪利亞 등

과 모여 3월 1일에 할 일들을 논의했다. 우선 독립선언서를 입수하여 각자가 가르치고 있는 학교에 돌리고 여학생들의 참여를 권하자는 것이 밀의의 주안점이었다. 그 결과 이화·정신·진명·동덕·배화·근화여학교 학생 전원이 3·1운동에 참가했다.

고모는 다른 동지들과 함께 검거되어 그해 8월 4일 경성지방법원에서 재판을 받았다. 그러니까 3월 초부터 5개월 동안 구금돼 있었던 셈이다. 총독부는 50명에 이르는 남녀 주동자들에게 면소免訴 방면 조치를 했다. 이때의 예심 종결 주문主文은 다음과 같다.

> 피고들에 대한 공소 사실은 피고들이 다이쇼 8년(1919년) 2월부터 3월에 걸쳐 손병희 외 33인이 조선 독립을 목적으로 조선이 독립국임과 조선 민족은 자유민임을 누누이 기술한 불온문서를 다수 인쇄 배포하여 조선인을 선동함에 있어 많은 사람과 같이 이에 가담, 정치에 관하여 불온한 언동을 함으로써 치안을 방해하였다고 함에 있으나 해당 사실을 인정할 만한 증빙이 불충분함으로 말미암아 형사소송법 제165조 제1호에 의하여 주문과 같이 결정한다.

일본 정부는 한국인들이 기대만큼 합병에 승복하지 않고 통치 방법 여하에 따라서는 아녀자까지도 적극적인 항쟁에 나설 수 있으며 그로 인해 세계 여론을 악화시킬 수 있다는 사실을 깨달았다. 그들은 지금까지의 헌병경찰제도 대신 문화정책을 펴기로 하고 총독에 사이토 마코토齋藤實를 임명했다.

문화정책의 내용에는 여러 가지가 있었다. 그중에서 중요한 것을 몇 가지 들자면 우선 지금까지 육군대장으로만 채웠던 총독 자리에 문관도 임명될 수 있고 헌병경찰 대신 보통경찰을 쓴다는 것이었다. 헌병경찰은 지금의 어감으로 말하자면 히틀러 시대의 게슈타포나 소련의 KGB와 맞먹는 것이었다. 또 교육을 일본인과 같은 수준으로 보급하고 언론 통제를 완화하여 한국인이 경영하는 한글 신문과 잡지 간행을 허락한다는 항목도 있었다. 그러나 새로 임명된 사이토 마코토도 해군대장이었고 한국이 해방될 때까지 번갈아 임명된 조선 총독 중에는 한 명의 문관도 없었다.

그들 중 사이토는 그나마 한국의 지도층과 접촉을 많이 시도한 사람이었다. 그는 일본 유학생들을 직접 만나 총독부의 정책을 설명하는 한편 그들의 의견에도 귀를 기울였다. 아버지도 그와 몇 번 만나 이야기를 나누었다. 아마 요시찰 인물들을 차례로 만나는 시기가 있었던 것 같다. 개인적으로 만났을 때의 사이토는 속이 트이고 말귀도 잘 알아듣는 인물이었다고 한다.

―――

고모에게 열렬히 구혼하던 김우영은 3·1운동 당시 교토제국대학 졸업을 앞두고 변호사 자격시험을 보기 위해 교토에 머물러 있었다. 물론 그도 3·1운동에 관한 소식을 다 듣고 있었으나 자격증을 딸 때까지는 움직일 수 없다고 생각한 것이다. 8월에 자격증이 나오자 그는 고모의 변호를 맡으려고 급히 경성으로 달려갔으나 그녀는 이미 석방된 뒤였다.

경상도 출신인 그는 훤칠한 키에 얼굴이 잘생긴 호남아였다. 성격이 서글서글하고 호인이라는 정평이 있었다. 그러나 그에게는 최승구와 같은 번득이는 재기도, 예술을 이해하는 멋도, 여성의 심리를 이해하는 섬세함도 없었다. 다만 지칠 줄 모르고 고모에게 청혼을 계속하는 열성이 있을 뿐이었다.

고모는 드디어 결혼을 승낙하면서 세 가지 조건을 내세웠다.

1. 일생을 두고 지금과 같이 나를 사랑해주시오.
2. 그림 그리는 것을 방해하지 마시오.
3. 시어머니와 전실 딸과는 별거케 해주시오.

김우영은 물론 이의가 없었다. 그리고 신부의 요구에 따라 신혼여행으로 최승구의 묘지를 참배하고 비석까지 세워주었다. 이 유명한 에피소드는 두 가지를 분명히 보여주고 있다. 하나는 김우영의 관대함이요, 하나는 고모 나혜석의 대담함이다.

100여 년 전의 일이다. 그런 요청을 여자가 한다는 것은 생각할 수도 없는 시절이었다. 또 그런 소리를 하는 여자를 용납할 남자도 찾기 힘든 세상이었다. 그러나 김우영은 그 황당한 요청을 쾌히 승낙했다. 그만큼 간절히 그가 나혜석과 결혼하기를 바란 때문이라고 할 수도 있겠으나 그런 일을 받아들일 만한 여유를 김우영이 가지고 있었다고 보아야 할 것이다. 또 고모 쪽에서는 이렇게 해서라도 김우영의 애정을 확인하고 싶은 마음이 있었을 것이다.

1920년 봄에 식을 올린 그들은 김우영의 본가가 있는 동래로 내려갔다. 외아들인 김우영에겐 출가한 손위 누이가 둘 있었다. 누이들은 전통적인 경상도 여인네들이어서 신여성인 고모를 보는 눈이 곱지 않았다. 김우영의 아량도 그녀들에게는 여자의 꼬임에 빠진 못난 남자의 어리석음에 불과했다.

얼마 동안 본가에 머문 뒤 그들은 경성에 집을 마련하여 옮겨 앉았다. 그렇지 않아도 고모의 일거수일투족을 놓칠세라 보도 경쟁을 벌이던 매스컴에서는 그녀의 신혼생활이며 주거환경에 관한 이야기들을 다투어가며 보도했다.

고모의 그 같은 명성은 그녀가 단순히 한국 최초의 여성 화가였다든가 도쿄 유학을 한 신여성이었다든가 하는 데에서만 기인하는 것은 아니었다. 그것은 신혼여행 길에 옛 애인의 묘를 찾아가는 식의 그녀만이 할 수 있는 독특한 행동과 누구도 따르지 못할 재능 때문이었다. 그녀는 그림뿐 아니라 문필에도 뛰어난 재질이 있었다. 거의 한 세기 전에 쓴 고모의 글은 지금 읽어보아도 시간의 흐름을 전혀 느끼지 못할 만큼 참신하다. 또 그녀가 표현한 사상은 서구 여성학자들의 사상에 비해 조금의 손색도 없이 대담하고 선진적인 것이었다. 시대를 앞선 탁월한 생각, 세상을 두려워하지 않는 용기, 예술가적 상상력, 그리고 자기표현의 당당함은 가히 천재가 아니면 가질 수 없는 특성들이었다.

결혼했음에도 불구하고 그림은 여전히 고모 생명의 근원이었다. 그녀는 새로운 환경 속에서 열심히 그림을 그려 1921년 초 내춘각來春閣에서 첫 개인전을 열었다. 이것은 한국 최초의 여성 화가에 의한 유화 개인전이었다. 신문들은 이 여성 화가의 데뷔를 대대적으로 보도했다.

그해 4월에 제1회 서화협회전書畵協會展이 열렸다. 고모는 고희동高羲東 화백과 함께 유화를 출품하여 격찬을 받았다. 고희동은 일찍이 전통적인 동양화를 탈피하고 서양화를 그려 1904년에 이미 프랑스 대사관 전시회에 출품한 일이 있는 한국 최초의 서양화가였다. 고희동은 1909년에 도쿄 우에노上野 미술학교를 나와 하쿠바카이白馬會의 후지와라 다케지藤原武二와 구로다 세이키黑田淸輝에게 개인 지도를 받았다. 스승과 같이 프랑스 인상파의 특성을 계승한 그림을 그리던 그는 한국 서양화단에서 제1인자의 자리를 굳혀가고 있었다. 그의 뒤로 등장한 고모 역시 인상파의 흐름을 따랐으며 여성답지 않게 대담하고 확실한 선과 깊은 색채를 사용하는 독특한 화풍으로 재능을 과시했다.

결혼생활도 가사도 그녀의 창작 활동을 가로막지는 못했다. 1922년 처음으로 열린 조선미술전람회에 고모가 출품한 〈봄〉과 〈농가〉는 당당히 입선했다. 이후 그녀는 1931년까지 장기여행할 때를 제외하고는 해마다 선전鮮展에 출품했다.

1923년 김우영은 안동현 부영사副領事로 임명되었다. 부영사는 한국인에게는 좀처럼 돌아오지 않는 고위 관직이었다. 그러나 한편으로는 친일파라는 이름이 붙여지는 자리이기도 했다. 친일파라는 이름은 일본 정부나 공공기관에 들어간 사람들에게 포괄적으로 붙여졌다. 그러나 모든 통칭이 그렇듯 이 이름은 개인의 사정이나 차이점을 무시한 것이었다.

김우영도 친일파라면 친일파였으나 그렇다고 한국인의 긍지를 모두 저버린 것은 아니었다. 그것은 그가 부영사로 있는 동안 한국인을 위해 한 일을 보면 확인된다. 또 나혜석도 비록 친일파 남편을 두었으나 그 때문에 사상이나 행동에 구애를 받을 사람은 아니었다. 압록강의 문호인 안동에 자리잡은 그들은 만주와 한국 사이를 오가는 수많은 운동가 인사들의 편의를 보아주고 필요할 때에는 피신처도 제공했다. 고모는 대담하게도 김우영의 집에 총기를 숨겨 감쪽같이 밀반입하는 일도 해냈다. 부영사의 집은 고등계 형사가 뒤지지 않는 점을 이용한 것이다.

또 김우영 부부는 1923년 조선총독부를 폭파하려는 황옥黃鈺의 계획을 안동현에 있으면서 도왔고 그가 만주에서 서울로 잠입하는 일도 도와주었다. 이 계획은 결국 실패로 돌아갔으나 김우영은 이 때문에 하마터면 목이 날아갈 뻔했다.

───

고모는 예술의 세계, 관념의 세계, 정신의 세계에 사는 사람이었다. 그래서 세상을 살아가는 일에 어두웠고 집안 살림이나 몸치장 같은 일에도 서툴렀다. 부엌에서 칼질을 하면 으레 손가락을 베었고 치마허리를 달면 길이가 고르지 못해 치맛단이 들쭉날쭉하고

외교관 신분으로 유럽 여행을 떠나는 나혜석, 김우영 부부.

동정을 달아도 실밥이 밖으로 나오곤 했다. 그러나 그림을 그릴 때는 딴사람이 되었다. 구도를 빈틈없이 잡고 명암의 안배나 색채의 사용은 정교하고도 적확했다.

해마다 선전에 출품한 작품 중에서 1924년 제3회 선전에 낸 〈초하의 오후〉가 입상했고 1926년 제5회 선전에 낸 〈천후궁天后宮〉은 특선을 받았다. 〈천후궁〉은 사각의 문틀 속에 원형의 문이 열려 있는 대문을 전면에 배치하고 그 문 저편에 천후궁의 일부가, 그 뒤에 나직한 산과 하늘이 보이는 구도를 지니고 있다. 이러한 삼중의 원근법적 구도 자체는 그리 새로울 것 없겠으나 이 그림을 보는 사람은 마치 문안을 들여다보는 듯한 즐거움과 궁 안에 숨겨진 비밀스러움에 상상의 나래를 펴는 듯한 감정을 느끼는 것이다.

고모가 사용한 색채는 마티스나 피카소처럼 밝은색이 아니라 세잔처럼 가라앉고 깊은 중간색이었다. 그리고 영상은 그녀의 명석한 사고력과 솔직한 표현력을 반영하듯 굵직하고 뚜렷한 것들이었다. 6·25전쟁 전까지도 우리 집 안방에 걸려 있던 〈프랑스 농가〉 그림이나 어머니가 걸어놓기 민망하다며 다락에 숨겨놓은 〈나부裸婦〉는 지금도 나의 뇌리에 뚜렷이 남아 있다. 6·25 때 부산에 피난 갔다 돌아와 보니 그림과 고모가 써서 맡겨둔 원고 뭉치는 하나도 남김없이 사라지고 없었다.

우리 집에는 고모의 그림이나 원고 이외에 고모가 유럽 여행 때 찍은 사진첩이 두 권 있었다. 사진첩에는 영친왕과 영친왕비 일행과 찍은 것을 비롯하여 유럽 각지에서 여러 가지 포즈로 찍은 사진

1926년 선전에 출품해 특선작으로 선정되었던 <천후궁>(위)과 어머니가 걸어놓기 민망하다며 다락방에 숨겨놓은 <나부>(1931년 작).

들이 붙여져 있었다. 하나하나의 사진 옆에는 찍힌 인물과 장소의 이름이 고모의 필적으로 쓰여 있었다. 나는 고모가 자기 남편을 한 번의 예외도 없이 '김우영 씨'라고 적었던 것을 신기하게 생각한 기억이 난다.

  전쟁에서 우리는 많은 것을 잃었으나 그중에서도 고모의 사진, 원고, 그림은 생각할수록 안타까운 손실이었다. 세월이 지나 고모를 재발견하려는 움직임이 활발해지면서 그 아쉬움은 더욱 깊어진다.

5장

꿈과 이상을 좇던 시절

19 18년 일본에서는 쌀값이 폭등하고 도처에서 쌀 소동이 일어났다. 이 때문에 한국 쌀에 대한 수요가 크게 늘었다. 한국 쌀은 강화도조약 체결 이후 계속 일본으로 반출되었으나 합방이 공식화되면서 반출량은 더욱 증가해가고 있었다.

총독부는 1920년 반도의 쌀 증산 15개년 계획을 세워 대대적인 토지 개량과 경작법 및 종자개량 정책을 시행했다. 그러나 증산량은 계획량에 크게 미치지 못했다. 그런데도 일본의 쌀 부족이 심각해지자 한국 쌀은 원래 계획된 분량만큼 반출되었다. 그 결과 한국 내에서는 먹을 쌀이 태부족하여 백성들은 만주에서 들여오는 조, 수수, 콩으로 양식을 대체해야 했다.

이에 앞서 총독부는 1912년에 토지조사령을 발포하고 토지 소유자에게 소유지를 신고하라는 지시를 내렸다. 이것은 경제적 개념 없이 농사를 지어 먹고살던 한국 사람들에게는 청천벽력이었다. 조상에게서 물려받은 땅은 대대손손 자기들 것이라고만 믿던 농민 지주들로서는 알지도 못하는 일본 말로 서류를 꾸며 신고를

조선의 토지를 빼앗기 위해 일본이 설립한 동양척식주식회사.

해야만 땅의 소유권을 보장받는다고 하니 어찌할 바를 몰랐다.

　걱정을 하면서도 농민들은 어려운 수속 절차를 꺼려 신고하지 않는 경우가 많았다. 신고 기한이 지나자 그들의 토지소유권은 어느 틈에 총독부로 넘어가 있었다. 이렇게 총독부로 넘어간 토지는 싼값에 동양척식회사東洋拓殖會社나 후지흥업不二興業 같은 일본 회사에 불하되고 그것은 다시 일본인 지주에게 헐값에 팔렸다. 이 과정을 거쳐 일본인 대지주가 많이 생겨난 반면 한국인 지주들은 대거 몰락했다. 소작인들도 경작할 땅을 잃어버리고 화전민이 되거나 유민이 되어 만주나 간도로 흘러갔다.

―――

　아버지는 1919년 3·1운동 때 옥고를 치른 뒤 일제의 감시대상 인물에 올라 행동의 자유가 몹시 제한되었다. 어디를 가든 무엇을 하든 미행자가 붙었다. 오히려 일본에 있을 때보다도 그 정도가 더욱 심해졌다. 오사카에서 따라다니던 형사는 친구가 되었으나 서울의 미행자는 얼굴도 알 수 없이 다만 따라붙는다는 기색을 느낄 수 있을 뿐이었다. 그것은 결코 유쾌한 일이 아니었다.

 그는 답답한 나머지 친구들에게 의논했다. 때마침 전에 중앙학교 교장을 하다가 〈동아일보〉 사장이 된 송진우가 그에게 시베리아와 연해주 지방에서 객원기자로 일해보는 게 어떻겠냐고 제안했다. 마다할 이유가 없었다. 아버지는 원산을 거쳐 블라디보스토크로 갔다. 아버지 생각에는 시베리아도 만주도 결코 외국이 아니었다. 그는 글을 쓸 때 꼭 '우리 시베리아' 혹은 '우리 해삼위海參威'(블라디보스토크의 한자 표기를 음독한 것. -편집자)라고 하면서 그 이유를 다음과 같이 말했다.

 사려思慮하여 보시오. 들어보시오. 전 시베리아는 70년 전까지 몽고와 중국의 판도에 속하였던 것을 러제국이 약탈하여 자국의 식민지로 택정擇定하였으나 발해渤海 전성시대에 동으로는 니콜라예프스크, 하바로프스크로부터 서로는 알끄드스크까지 조선 민족이 활약하였던 사실이 현저하여 하바로프스크 박물관에는 발해 시대의 석기, 석족石簇을 진열하였을 뿐 아니라 흑룡강黑龍江 상류에서 발견된 기념비를 보존하였는데 그 비문은 퉁구스 고자古字로 발해의 북벌기념을 기록記錄한 것이라 합니다.

 그러니 어찌 시베리아가 남의 땅이랴. 시베리아가 러시아령이 되었을 당시의 블라디보스토크는 인구도 얼마 안 되는 황막한 어촌漁村에 불과했다. 그것을 일대 도시로 만들고 항구와 포대와 병영兵營을 건설하기 위해 투입된 노동력의 8할은 한국인이었다.

또 아버지가 블라디보스토크에 갔을 당시 그곳 어촌 주민의 9할이 한국인이어서 이곳에 이주해오는 러시아인이 오히려 한국말을 배우고 쓰는 형편이었으니, 말이 러시아 땅이지 실제로는 우리 땅과 다름없다는 것이 아버지의 거리낌 없는 생각이었다. 사실 아버지가 머나먼 동토의 나라로 가서도 크게 고생한 기색이 없는 것은 그곳에 살던 동포들 덕이었을 것이다. 당시 시베리아에는 동부에만 7만 명 가까운 한국인 거류민이 있었다. 그 시기 아버지의 글은 그곳에 사는 한국인의 생활 상황을 전하면서 어떻게 하면 그들의 삶을 경제적으로 향상시킬까 하는 문제에 집중되었다.

일본 경찰은 아버지를 공산주의자로 지목하여 위험시했으나 아버지는 이데올로기나 사회주의 집단에 무조건 충성을 바친 것은 아니었다. 그보다도 우선 한국과 한국인을 위해 어떻게 하면 도움이 될까에 전념했다고 하는 편이 옳을 것이다.

아버지가 초기에 일본의 급진적 사회주의자 오스기 사카에나 이쓰키 나오조와 같은 사람에게서 사상적 지도를 받은 것은 사실이다. 또 한때 그가 일본 사회주의자들의 사상을 동경하고 거기에 흠뻑 젖었던 것도 사실이다. 그것은 다만 에릭 홉스봄Eric Hobsbawm이 그의 저서 《짧은 20세기 *The Short Twentieth Century*》에서 말했듯 '1914년 이전의 사회주의자가 대부분 초기 기독교도처럼 종말적

오스기 사카에의 사상에 경도되어 사회 변혁을 꿈꾸던 시절, 동료들과의 모임에 참석한 나의 아버지 나경석(오른쪽에서 네 번째).

인 대변화가 일어나 사악한 것은 모두 멸망하고 그 뒤에 불행, 억압, 불평등, 부정이 없는 사회가 생긴다고 믿었던 것'처럼 아버지도 그러한 이상적 변화를 한국을 위해 바랐기 때문이다. 아버지는 사회주의자라도 잘못이 있다고 보면 가차 없이 비판했다. 그의 판단 기준은 언제나 현실적으로 대중에게 이익이 되느냐 되지 않느냐에 있었다. 그 때문에 사회주의자들로부터는 전향자 혹은 수정주의자라고 혹독한 비난을 받기도 했다. 하지만 아버지는 지도한다는 명분 아래 권력을 잡으려고 혈안이 된 정치광들을 가차 없이 비판했다. 그리고 망명 임시정부를 세운다는 핑계로 헤게모니 쟁탈전을 벌이며 분열을 일삼던 무리를 경멸했다.

러시아령에 사는 한국인들은 서러움도 많이 당하고 억울함도 많이 당했다. 박해도 많이 당하고 학대도 많이 받았다. 아버지는 정치적인 운동을 밀어놓고 그런 박해 사건이 일어날 때마다 현장에 달려가고 유사한 사건이 반복되는 것을 막을 방도를 주야로 모색했다. 그러나 신통한 방법이 있을 리 없었다. 다만 할 수 있는 일은 무엇이든 최선을 다해 해보는 것뿐이었다. 때로 그는 심각한 좌절감과 한계를 절감했다. 또 현실의 벽에 부딪힐 때 그것을 어디서부터 풀어야 할지 막막해했다. 그는 〈동아일보〉 '로령견문기露領見聞記'에서 답답한 심정을 토로했다.

(…) 조선 사람인 내가 아라사亞羅斯의 해삼위海參威, 즉 조선으로 치면 회령會寧이나 경성鏡城 같은 곳에 갔었는데 왕왕 나를 향하여 묻는 사람은 "그

아라사 형편이 어떠한가." 하니 모른다면 나의 아라사 구경한 자랑을 할 수 없고 안다 하면 염치없는 일이외다. 그러므로 나의 대답은 항상 "우리 해삼위는 알지만도 아라사 일은 잘 알 수 없소." 합니다.

러시아에서는 1917년 2월부터 일어난 볼셰비키 혁명 이후 정국이 극도로 혼미했다. 그러지 않아도 사회주의자라면 위험시해오던 터에 실제로 혁명이 일어나고 보니 사회주의자에 대한 일반의 공포심과 의구심은 커져만 갔다. 또 내용을 잘 모르면서 아는 척 보도하고 말하는 이들이 많았다. 신문사 특파원으로 가 있으면서 저널리즘이 만들어내는 말들이 민심을 혼탁하게 하는 실정을 보며 그는 깊은 아이러니를 느꼈을 듯하다. 아버지는 그런 오도적 용어 사용을 신랄하게 비난했다.

> (…) 아라사라 하면 위선 근자 신숙어新熟語로 소위 과격파니 위험주의니 불영단不逞團이니 함을 연상하는 모양이외다. 일본이나 조선에서는 생각하기를 위험주의의 소유자 과격파라는 족속이 있어 사람이 못할 흉악한 짓은 다 하는 줄 아는 듯하외다. 그러나 우리 보기에 아라사는 과격파라는 것은 하나도 없고 위험이니 불영이니 하는 족속은 보도 듣도 못하였나이다. 과격파라 함은 일본 신문 장사의 무식한 추측으로 생긴 예상이고 불영이라 함은 조선총독부의 전매품이고 위험이란 것은 일본 내무성의 어용어御用語이외다.

당시 시베리아는 러시아 혁명 세력이 아직 미치지 못하여 정치적으로 매우 불안정한 상태에 있었다. 러시아인들은 치타, 불라고베신스크, 우진스크, 블라디보스토크에 각기 임시정부를 두고 있었으나 세력 분포는 고르지 않았다. 치타는 백색파가 정권을 장악하고 있었고 불라고베신스크와 우진스크에서는 적색파가 유력하고 블라디보스토크에서는 적백 양파가 정쟁 중이었다. 그 때문에 여기저기서 지역전이 벌어지는 형편이었고 전체가 적화되기까지는 오랜 시간이 걸렸다.

일본은 1918년 시베리아에 2만 명의 군대를 파견하여 치타 이동 지역을 수비하고 하바로프스크-블라디보스토크 간 철도와 동지나東支那(동중국의 일본식 표기. -편집자) 철도를 관리했다. 목적은 과격파를 억제하여 질서를 유지하는 가운데 일본의 이권을 옹호하고 일본 및 연합국의 국민을 보호하자는 것이었다. 그러나 아버지에 의하면 그런 과격파는 존재하지도 않았다.

―――

공산주의 과격파 대신 연해주 일대를 휩쓸고 다닌 것은 중국인 마적들이었다. 황야를 질풍처럼 달려와 약탈과 겁탈을 자행하고 다시 질풍처럼 사라지는 마적들은 한국 농민에게 공포의 대상이었다. 한국인들이 입은 피해는 극심하여 많은 이가 목숨을 잃기도 하고 걸식하는 지경에 이르렀다. 시베리아 동포를 마적의 습격과 악화하는 극빈 상태에서 구해내는 일이 시급했다.

제정 러시아 시절부터 시베리아 개척을 위해 주요한 노동력을 제공해오던 한국인이 아닌가. 초라한 어촌에 불과했던 블라디보스토크를 버젓한 항구도시로 만들고 러일전쟁 때 병영과 포대를 쌓고 황무지를 개간하여 100만 군대와 주민들에게 양식이 될 농산물을 만들어낸 것이 모두 우리 동포가 아니었던가. 또 흑룡강 유역과 연해주에서 어업, 삼림벌채 작업의 주요 동력을 제공한 것 역시 한국 노동자가 아니었던가.

이러한 노력과 희생에도 불구하고 동포들은 살 만한 집 한 채, 변변한 상점 하나 소유하지 못하는 형편이었다. 아버지는 궂은일을 도맡아 하면서 자기 몫도 찾아 먹지 못하는 한국인이 안타까웠다. 이 땅에 공을 들일대로 들여온 우리 동포들이 왜 이렇게 고생을 해야만 하는가. 러시아인의 횡포, 중국인의 폭력, 마적의 노략질, 일본인의 박해, 이런 것들이 동포들을 괴롭히는 주요소임은 부정할 수 없으나 아버지는 가장 시급하게 개선해야 할 문제로 한국인 자신의 나약함을 꼽았다.

(…) 좌우간 그러하게 된 원인은 무엇에 있었던지 금일까지의 경제 조직인 산업상 자유경쟁에 열패劣敗한 것은 분명한 사실이다. 제군은 여하한 이유로도 이를 변명할 여지가 없다 하노라. 그 죄를 자본주의나 경제 조직에 돌리려 하여도 차를 수긍치 못할 허다한 난점이 있다.

우리 민족은 수많은 불행을 당해왔다. 그리고 불행을 당할 때마다 남을 원망하고 환경을 탓해왔다. 그것이 우리의 제2의 본성이 되어가고 있었다. 과거 역사를 돌이킬 때 아버지의 뇌리를 스치며 분격하게 한 것은 바로 그 같은 회피적 책임 전가의 버릇이었다. 그는 한국인이 못살게 된 데에는 러시아인, 중국인, 일본인보다도 우선 한국인 자신에게 가장 큰 책임이 있다고 생각했다.

안타까운 것은 한국인들이 경제적으로 도탄에 빠져 살면서도 동포끼리 서로 죽이고 죽는 정치 싸움을 계속한다는 사실이었다. 걸핏하면 남을 끌어내리고 자기가 올라서려 권력투쟁을 벌이고 공익보다 사리사욕을 먼저 챙기는 추악한 양태를 연출했다.

한국인끼리 뭉쳐도 시원치 않은 마당에 애국지사라고 자칭하는 자들이 무고한 동포 청년들을 바다에 던져 학살하는 사건이 일어났다. 분열한 파당 사이에 감정이 극도로 악화한 결과 물불을 안 가리는 살육 행위가 일어나고 만 것이다. 험악한 상황에서 한두 사람쯤 쥐도 새도 모르게 죽어 없어지는 일은 일상다반사였다.

일본인과 한국인의 반목도 극도에 달해 양자 간 적대적 분위기는 사뭇 험악했다. 한국인 사이에서는 일본말을 하는 사람은 무조건 스파이로 낙인찍혔다. 일본인에게 고용된 전력이 있거나 일본인에게 우호적인 태도를 보인 사람들을 모조리 학살할 계획이 있다는 풍문까지 나돌았다. 그러던 중 일본인 통신원과 상인이 살해당하는 사건이 발생했다. 가해자는 물론 이성을 상실한 한국인이었다. 아버지는 이 일을 1921년 일본의 니가타현 나카스가와 발전소 공사장에서 일어난 한국인 노동자 학살 사건과 비교하며 그 비리를 누누이 깨우치려고 했다. 그는 감정적인 편파성을 물리치고 공평한 시점에서 사건을 가늠하는 글을 냈다.

> 필자는 최근 니가타현 조선노동자 학살 사건을 실지로 조사하고 감촉感觸된 바 있어 오직 공평하고 냉정한 태도로 이 양 사건을 비교하려 한다. 일본인이 조선인을 학살한 것이 죄악이라면 조선인이 일본인을 학살한 것도 역시 죄악이요 일본 군대가 니항尼港에서 최재형崔在亨 씨 외 3인을 백주에 총살한 것이 용서하지 못할 악도라면 니항에서 조선인이 적색 별동대에 참가하여 일본의 비전투원을 살해한 것도 그와 상등한 죄명을 면할 수 없다. (…) 제군도 아는 바와 같이 일본이 철병한 후까지 잔거殘居한 일본인은 제군과 같이 무산계급에 속한 자이겠으니 그들이 조선의 정치적 조건을 결정한 자 아니라. 그들을 살해함은 갈 데 없이 우리가 인도상 죄악을 범할 뿐이니 과거의 우리 선배는 어찌하였던지 장래의 중임을 진 지금 시베리아 동포는 구구한 감정을 떠나 초월한 태도로 정치적 문제는 실력으로만 해결하기에 분투할 것이다.

아버지는 일본 경찰이 집요하다고 할 만큼 철저한 반일주의자였으나 일본이나 일본인에 대해 덮어놓고 반대하고 비난하는 태도는 수긍하지 않았다. 일본인을 두둔하는 것처럼 들릴 수도 있는 이러한 발언은 당시 한국인들의 여론이나 통상적인 사고방식으로 보아 적잖은 용기가 필요한 일이었다. 그는 반일을 하기 위해 오히려 일본을 공정하게 보려 했고 투쟁에 이기기 위해 자신의 약점을 직시하려고 했다. 나는 그러한 객관적 태도 때문에 오히려 그의 생각에 공감할 수 있는 여지를 발견한다.

―――――

이 무렵 아버지는 고향에서 온 사람들의 입을 통해 조선총독부의 경무국장이 아버지에 대한 신상조사 서류를 전부 소각했다는 소식을 들었다. 이것은 아버지에 대한 경찰의 감시가 중단되었음을 의미했다. 그런 소식을 듣고 보니 한동안 찾아가지 못한 고향에 대한 그리움이 솟구쳤다.

아버지는 지체하지 않고 '해삼위 학생 음악단'을 조직하여 모국을 방문할 계획을 세웠다. 음악으로 동포들의 사기를 돋워주겠다는 명분이었으나 그것은 구실에 불과했다. 아버지는 어서 고향으로 돌아가 부모님도 뵙고 친구도 만나고 무엇보다 사회가 돌아가는 형편을 현지에서 살피고 싶었다.

드디어 1921년 4월, 한국인 2세 남학생 7명과 여학생 4명으로 구성된 음악단을 이끌고 아버지는 조국을 향해 떠나갔다. 여비가 넉넉지 않아 숙박도 식사도 구차했으나 단원들은 조국에 돌아온 기쁨으로 들떠 있었다. 그들은 서울뿐 아니라 전국 각지에서 연주회를 가져 대환영을 받았다. 그들의 음악이 대단해서라기보다 시베리아 동포의 자녀들이라는 것이 민중에게 일종의 낭만적 매력을 선사한 것이다. 그들이 연주하는 음악은 러시아풍의 민요와 춤이었다. 아코디언과 풍금에 맞춰 그들이 노래하면 청중은 손뼉을 치면서 흥을 돋웠다. 가혹한 자연 조건 속에서 기나긴 겨울을 집 안에 틀어박혀 보내야 하는 그들은 이렇듯 신나게 노래하고 춤추는 법을 터득하고 있었다.

　아버지가 노래하거나 음악을 듣는 모습을 나는 한 번도 본 일이 없다. 그러니까 왜 하필 음악단 단장이 돼서 모국 방문을 했을까 하는 의문도 생긴다. 그러나 아버지는 춤추기를 좋아했다. 이른바 사교춤인데 유배지나 다름없는 시베리아 생활의 고독을 달래기 위해 러시아 청년 남녀와 어울려 춤을 추러 다닌 것 같다. 원래 그런 방면에 소질이 있는 것은 아니었으나 2~3년을 두고 자주 다니다 보니 춤은 상당히 익숙하게 잘 추었다. 시베리아 이야기를 할 때 아버지는 꼭 러시아 사람들은 마음이 따뜻하고 춤과 노래를 좋아한다는 말을 덧붙였다.

　아버지가 어머니를 처음 본 것은 음악단과 함께 일시 귀국하여 서울에 체류할 때의 일이다. 어머니는 1902년 개성 중류 상가商家의 1남 2녀 중 막내로 태어났다. 어려서부터 영리해서 할아버지의 사랑을 독차지하여 딸인데도 서당과 동네 초등학교에 다니는 특권을 누렸다. 남자아이들보다도 한문을 잘 했고 붓글씨도 필력이 만만치 않았다고 한다. 맨 위 오빠와는 나이 차가 많아 남매간이라기보다 아버지만큼이나 어려웠다. 외삼촌은 어머니가 서당에서 돌아오면 기다리고 있다가 회초리를 옆에 놓고 복습을 시켰다.

　공부를 잘 한다고는 하나 집에 오면 놀고 싶은 나이였다. 게다가 회초리의 존재는 알던 것도 잊게 하는 역효과를 내었다. 어머니는 종종 외삼촌에게 매를 맞아서 그런지 어른이 된 다음에도 외삼촌을 퍽 어려워했다. 외숙모는 어린 시누이인 어머니의 시중을 들어주긴 했으나 어머니 볼에 살이 많다는 둥, 여자아이 어깨가 넓다는 둥 흉을 보곤 했다. 어머니는 그런 소리가 듣기 싫어 올케 곁에 잘 가려고 하지 않았다.

초등학교를 나온 뒤 어머니는 호스톤 여학교에 진학했다. 호스톤은 미국 선교사가 지은 학교로 당시 전국적으로 유명했다. 학교에서는 산술, 한문, 일본어, 성경, 지리, 역사, 음악, 습자, 도화 등의 과목을 가르쳤다. 기독교계인 이 학교는 교장도 부교장도 미국인이었다. 성경 과목은 부교장 니콜스 부인이 미국식 억양이 심한 한국말로 가르쳤다. 성경 이야기를 처음 듣는 어머니는 납득이 안 가는 대목이 많았다. 성령에 의한 잉태도 그렇고, 빵 한쪽으로 수천 명을 배불리 먹인 일도 그렇고, 예수가 부활하여 살아난 것도 그러했다. 어머니가 그걸 상세히 알고 싶어서 질문하면 니콜스 부인은 "너 안 되겠소." 하며 고개를 살레살레 흔들었다. 그 이야기가 상징적인 우화라고 설명해주면 납득할 만도 했을 텐데 그녀는 그저 절절 매면서 고개를 흔들 뿐이었다.

어머니는 암산에 능하고 주판을 잘 놓았다. 주판알을 드르륵 소리 내어 정렬하고 난 다음엔 아무리 빨리 네 자리, 다섯 자리 숫자를 불러대도 거뜬히 계산해냈다. 또 미적 감각이 뛰어나 같은 의복을 갖고도 아무도 흉내 못 내게 멋을 부릴 줄 알았다.

호스톤 여학교를 졸업한 뒤 어머니는 낮에는 정화여학교에서 가르치고 밤에는 야학에 다니면서 공부를 계속했다. 무엇이 되겠다는 생각이 명확히 있는 것은 아니었으나 공부는 계속하고 싶었다. 어머니는 학자형은 아니었으나 책 읽기는 좋아했다.

이 무렵 외할아버지가 서울로 이사를 했다. 어머니도 물론 외할아버지를 따라 서울로 와서 봉래동蓬萊洞이라는 동네에 살았다. 봉래동은 현재 서울역에서 서소문 쪽으로 가노라면 왼쪽 언덕 위에 보이는 거리이다. 여기는 상인들이 집결해 사는 동네였다. 서울로 이사를 오고 나니 어머니는 심심했다. 아는 사람도 없고 갈 데도 없고 할 일도 없었다.

어느 날 외출했던 어머니는 개성 초등학교 때 배운 일이 있는 장학원張學媛 선생님을 우연히 길에서 만났다. 선생님도 반가워하며 어머니를 가까운 다방에 데리고 들어가 그동안 지낸 이야기를 주고받았다. 선생님은 자기가 인사동 네거리에 동아부인상회東亞婦人商會라는 가게를 하고 있다며 괜찮다면 나와서 일을 도와달라고 했다. 부인상회라는 이름은 여자들이 모은 돈으로 만들었기 때문에 붙인 이름이었다. 그러지 않아도 심심해서 애를 먹던 어머니는 기꺼이 응낙하고 상점에 나가기 시작했다.

상점의 지배인은 소설가 심훈沈薰(본명 심대섭沈大燮)의 형 심명섭이었다. 심훈은 당시 중국의 항저우대학杭州大學에 다니다가 귀국하여 후일 계몽주의적인 소설 《상록수》를 써서 유명해진 작가이다. 용모가 수려하고 성품이 온화한 심훈에게 어머니는 호감을 느꼈다. 그도 어머니에게 무관심하지는 않았던 모양이다. 후일 어머

수려한 용모와 온화한 성품으로 어머니의 마음을 사로잡았던 소설가 심훈.

니는 이따금 먼 그림자를 응시하는 듯한 눈으로 심훈의 이야기를 들려주곤 했다.

　부인상회는 지식층의 출입이 잦은 곳이었다. 그들은 일이 있어도 들르고 없어도 들렀다. 아는 사람끼리 서로 만나면 진을 치고 앉아 문화 일반에 관한 토론이나 시국담을 주고받았다.

　어느 날 깡마르고 안광이 날카로운 한 남자가 상점에 들어왔다. 거기 모이는 사람들과도 안면이 있는 그는 그 후 날마다 한 번씩 찾아와 차를 마시고 환담을 하다가 가곤 했다. 어머니와도 이야기를 주고받으며 가벼운 농담을 던지기도 했다. 그러던 어느 날 그가

아버지가 한눈에 반할 만큼 단아한 아름다움을
지녔던 젊은 시절의 어머니.

돌연히 어머니에게 청혼을 했다. 그가 나의 아버지였다. 음악단과 함께 서울에 와 있을 때였다.

아마 아버지는 어머니를 처음 보는 순간 '이 여자다' 하고 생각했던 것 같다. 어머니는 이목구비가 반듯한 미인인 데다 만사에 영특하고 일도 야무지게 잘 했다. 그것은 상점 안에서 하는 행동을 보면 알 수 있었다. 아버지는 형식상 결혼한 몸이었으나 육체적으로나 심리적으로 독신자나 다름이 없었다.

그는 어머니에게 자기 의사를 밝히기 무섭게 어머니의 부모를 찾아갔다. 기혼자라는 약점이 있었으므로 호된 꾸지람과 함께 쫓겨날 수도 있는 일이었다. 그럴 때는 응낙이 떨어질 때까지 끈덕지게 매달려볼 생각이었다. 그런데 외할아버지는 의외로 쉽게 허락을 내려주었다. 아버지의 인품과 재능, 그리고 그의 솔직함을 인정한 것이다. 외할아버지는 개화한 사람이어서 이 청년이 불합리한 조혼제도의 희생자임을 알고 동정했는지도 모른다. 어쨌든 처가의 허락은 의외로 쉽게 내려졌다.

그러나 수원의 아버지 본가에서는 이 혼사에 대한 반대가 만만치 않았다. 이미 법적인 아내가 있는 마당에 다시 결혼한다는 것도 어불성설이려니와 양자로 간 아버지의 형 홍석도 부모가 정해준 배필을 마다하고 딴 여자와 결혼했으니 가문의 체면이 말이 아니라는 것이었다. 이때 할아버지는 이미 세상을 떠난 뒤였고 본가의 장손인 아버지의 종형從兄 중석이 반대를 한 것이다. 아버지는 종형 앞에서는 언제나 두 손을 맞잡고 고개를 조아리는 자세를 취할 만큼 예의를 지켰으나 이번 일에는 승복할 수가 없었다.

아버지는 본가의 허락 없이 일단 결혼식을 올렸다. 그리고 어머니를 일본으로 유학 보내기로 했다. 집안으로부터 허락을 얻어내기 위해서는 시간이 필요했고 어머니가 일본서 학교를 마칠 동안이면 아버지도 신변 정리를 한 뒤 신접살림을 꾸릴 준비를 할 수 있다고 생각한 것이다. 시베리아에는 정리해야 할 일들이 남아 있고 신문사와도 계약이 만료될 때까지는 일을 계속할 의무가 있었다.

부모님의 신혼 시절 모습. 아버지 본가의 반대를 무릅쓰고 감행한 혼인이었으니 여러모로 힘겨운 시절이었다.

어머니는 결혼은 했으나 미혼녀처럼 일본 유학길을 떠나게 되었다. 공부는 좋아하는 편이어서 학교 다니는 것은 괜찮았으나 결혼한 남편과 떨어져 사는 것은 과히 달가운 일이 아니었다. 그녀는 도쿄 이치가야市谷에 있는 일본여자상업학교日本女子商業學校에 들어가 2년 과정을 마쳤다.

이 학교는 지금도 이치가야에 있다. 관수로 옆에 있는 조그만 학교는 현재 가에츠학원嘉悅學園이라는 전문대학이 되었다. 여기서 어머니는 복식부기 등 회계에 관한 과목을 주로 배웠다. 학교에 다니는 동안 그녀는 문경자라고 하는 미술학교 여학생과 함께 센다가야에 있는 어느 집에서 하숙했다. 문경자는 성격이 쾌활하고 장난기도 많아 타향살이의 우수를 잊게 해주었다.

하숙집 주인은 과부 아주머니였는데 호인이어서 한국인 여학생들에게 친절히 대해주었다. 반찬은 일년 열두 달 단무지와 일본 된장국, 구운 연어 자반이었으나 어머니는 그것이 너무 맛있어서 언제나 밥을 두 공기씩 청해 먹었다. 그러고도 밤늦도록 앉아 있으면 속이 출출해질 때가 많았다. 그럴 때면 어머니가 망을 보고 문경자가 부엌으로 기어 들어가 찬밥과 단무지를 훔쳐왔다. 찬밥과 단무지는 어떤 진수성찬보다도 맛이 있었다.

어머니가 상업학교에서 배운 주판과 복식부기 지식은 훗날 봉천에서 아버지와 고무공장을 할 때 요긴하게 쓰였다. 어머니는 또 영어 과목에서 남에게 뒤떨어지지 않기 위해 어떤 인도인에게 개인 지도를 받았다. 터번을 머리에 두르고 얼굴빛이 검은 그 인도인은 일본서 유명한 '나카무라야中村家'라는 커리라이스 집에 하숙하고 있었다. '나카무라야' 주인인 소마相馬 씨 부부는 관헌에 쫓기는 인도의 독립투사 라스 비하리 보스를 목숨 걸고 집에 숨겨준 일이 있는 의협심이 강한 사람들이었다. 소마 씨 부부는 보스뿐 아니라 어려운 처지에 있는 외국 학생들을 많이 도와주었다. 그들은 조선 학생들에게도 도움을 주어서 아버지도 유학 시절 이 집에 자주 드나들었다. 해방 후 민주당 당수가 된 박순천朴順天, 교육자가 된 황신덕黃信德도 3·1운동 직후 군경의 추적을 피해 도쿄로 도망가 소마 씨 집에 숨어 지낸 적이 있다.

어머니가 영어 개인 지도를 받으러 '나카무라야'에 다닌 것은 그보다 훨씬 뒤의 일이다. 또 어머니에게 영어를 가르쳤다는 인도인이 누구인지도 분명치 않다. 아마 라스 비하리 보스가 떠나간 뒤 그의 소개로 들어온 사람이었을 가능성이 높다. 당시 '나카무라야'는 신주쿠에 큰 가게를 가지고 있었는데 뒤편 창고를 개조하여 극장으로 사용하면서 여전히 여러 나라 학생들을 돌보고 있었다. 어머니는 영어를 가르친 인도 사람보다 소마 씨 부부 이야기를 자주 했다. 부인은 유난히 순진해 보이는 어머니를 특별히 친절하게 대해주었다.

결혼을 하고도 혼자 시베리아로 돌아가야 했던 아버지와 뜻밖의 도쿄 유학을 하게 된 어머니의 심정은 짐작건대 결코 행복한 것은 아니었다. 우선 아버지의 중혼에 대한 주변 사람들의 비판이 만만치 않았고 본인들도 결코 마음이 편하지 못했다. 수원의 큰집에서는 이 결혼을 인정할 수 없다고 준엄하게 책망하는 편지를 연달아 보내왔다. 두 사람의 결혼은 한 여인의 불행을 바탕으로 하고 있음을 부인할 수 없었다. 그러나 그들이 결혼하지 않았더라도 그 여인의 불행은 결코 덜어지는 것이 아니었다. 익선동에 머무는 호적상의 아내와 살지 않겠다는 아버지의 의지는 처음부터 확고했기 때문이다. 자기 의사와 관계없이 이뤄진 이 혼인에 일생을 구속당할 수도 없고 당하지도 않겠다는 것이 그의 의지였다.

아버지는 그녀와의 결혼 때문에 '죽고 싶을' 만큼 괴로워했다. 아무리 제도상 저질러진 일이라지만 한 여자의 일생을 망가뜨린 책임이 적어도 반은 자신에게 있음을 자각하지 못할 그는 아니었다. 그렇다고 다른 사람들처럼 법적인 아내라 하여 그럭저럭 살 생각은 추호도 없었다. 이 세상에 태어난 이상 자신의 생을 계획할 권리는 있지 않은가. 그는 〈공제共濟〉라는 잡지에 낸 '부인해방론'에서 결혼에 대한 뼈아픈 심정을 피력했다.

(…) 사람이 요구하는 자연의 가정은 강제에 기본한 불평등의 자유 없는 가정이 아니라 애정이 유로流露하고 화기가 만만하야 부처夫妻나 자녀가 희희락락喜喜樂樂하는 자유의 낙원이외다. 그간에 강제는 없나이다. (…) 이와 같은 가정을 이루고자 할진대 그 근본된 남녀 간에 애정이 있고 존경이 있고 이해가 있어야 할지니 이 세 가지를 합하야 남녀가 사모함을 연애라 하나이다. 가정의 근본은 연애에 두어야 할 것이외다. 부모의 강제나 혹은 매개자의 설파로 결혼을 행할 것이 아니외다. 하늘이 주신 짝은 신성하거니

와 사람이 강작强作한 그것은 그렇지 아니하니 그 짝을 매는 줄은 오직 사랑이외다.

이 글을 보면 아버지가 강요된 결혼에 대해 가졌던 생각과 어머니를 만나 사랑을 느껴 결혼하게 된 심적인 경로를 알 것 같다. 그는 어머니를 '하늘이 주신 짝'으로 생각했고 그렇기에 그녀와의 결혼은 신성하다고 감히 말하고 있는 것이다. 이것은 남에게 하는 말이라기보다 자신을 설득시키기 위한 말인 것처럼 들린다.

―――

어머니가 일본에서 학교를 다닐 동안 아버지는 시베리아와 만주 각지를 다니면서 한국 농촌 문제에 관심을 쏟으며 소작제도의 개선을 진지하게 제의하는 글을 계속 써냈다.

그러는 한편 북만주와 시베리아에서 살려고 애쓰는 한국인을 돕는 방책을 이리저리 모색했다. 러시아·일본·중국과의 국제적 관계, 한국인들의 뒤떨어진 의식 수준과 생활 태도, 교포들 간에 발생하는 무수한 문제들은 하나의 이데올로기나 교과서적 풀이로 해결하기에는 너무나 복잡하고 방대했다. 아버지는 자연 이론과 실제의 괴리를 실감하고 사회주의 사상의 실현 가능성에 대해 심각한 회의를 느끼지 않을 수 없었다. 그는 한 수상에서 이렇게 썼다.

만주와 연해주에서 자신의 삶을 개척하는 조선인을 묘사한 판화 작품 〈개척자〉(나혜석, 1921년 7월 〈개벽〉).

세상에 어떤 주의니 주장이니 하는 것이 어떤 시기까지는 필요도 있고 효력도 없지 아니하나 실행할 시기에 들어서도 다만 문자상으로 주의를 표방한다 하고 구설로 무엇을 주장함은 오직 비겁한 자의 능사라 나는 그 비겁자의 일인일세. 어디서부터 시작할지 무엇부터 착수할지 전혀 몽매하오.

이 무렵 북만주에서는 한국 이민자들에 대해 중국인들이 적의를 노출하는 습격 사건이 빈번해지고 있었다. 아버지는 이것은 일본의 식민정책과 경제적 포탈을 중국인이 두려워한 결과 직접 일본인을 공격하는 대신 그들의 앞잡이이자 보다 약한 한국인을 공격의 목표로 삼는 것이라고 판단했다. 사실 중국인의 한국인에 대한 반감은 처음에는 별것이 아니었으나 날이 갈수록 노골화되고 정치적 색채까지 띠기 시작했다.

그러나 중국인이 자신들을 그렇게 보고 있다는 의식조차 없는 한국인들은 소작 일에만 골몰하다가 사태가 이토록 악화하고 만 것이다. 늦기 전에 중국인에게 한국인의 상황을 이해시키고 우호적인 관계를 갖는 것이 시급했다. 그러기 위해서 아버지가 소작인들에게 권한 방법은 일대 시위를 벌이라는 것이었다.

실제로 사회적 의식도 조직력도 없는 농민들이 과연 그런 방법을 쓸 수 있었는지, 또 썼다면 어느 정도의 효과가 있었는지도 알 수 없는 일이다.

아버지는 1922년 10월 21일부터 27일까지 5회에 걸쳐 〈동아일보〉에 '시베리아 동포의 살아갈 길'이라는 글을 연재했다. 공산혁명이 이뤄진 러시아령 시베리아의 한국 거류민 처지를 걱정하며 장차 취할 길을 제시하는 글이었다. 그는 한국인이 적극적으로 소련의 정책 시행에 선도적 역할을 해야 한다고 주장했다. 그의 주장은 그러나 공산주의를 시행하라는 뜻이었다기보다 지금껏 한국인이 기울여온 노력에 걸맞은 대우를 받게 하자는 것이었다.

아버지는 러시아 혁명에 대해 전혀 환상을 갖고 있지 않았다. 그것은 다음의 글로 분명히 알 수 있다.

로국露國의 혁명은 장구한 시일을 두고 파괴에 전력을 다한 결과 파괴된 기지에 신경제의 제도를 건설하기에 너무 피곤하였고 생산과 소비의 치밀한 채산이 없이 다만 그 제도를 형식으로만 구비하기에 열중하였으므로 (…) 참담한 현상이 노출되었다.

이제 러시아의 주인은 무산계급이며 시베리아의 무산계급은 대다수가 한국인 노동자이기 때문에 스스로 주인이 될 준비를 하기 위해 창피한 정쟁을 지양하고 민족의 생존권을 위해 건설적인 일에 전력해야 한다고 그는 주장했다. 전체의 이익을 위해 단결하지 못하고 목전의 조그만 의견 차이 때문에 분열과 분쟁으로 지새우는 한국인의 습성을 그는 슬퍼하지 않을 수 없었다.

―――

한국 거류민 간의 정쟁은 3·1운동 이후 경성, 시베리아, 상하이 각지에 대한민국임시정부가 세워지면서 심화되었다. 경성의 임시정부는 총독부의 감시가 심하여 명색만 유지했으나 대통령에 이승만, 국무총리에 이동휘, 군무부총장에 노백린, 재무부총장에 이시영, 노동부총장에 안창호 등을 추대했다.

한편 시베리아 임시정부는 대통령에 손병희, 부통령에 박영효, 국무총리에 이승만, 내무총장에 안창호, 강화대사講和大使에 김규식을 추대했다. 그러나 경성이나 시베리아의 임시정부에 추대된 인사들은 거의 현지에 없었고 그들의 요직 임명은 다만 구색을 갖추기 위한 것에 불과했다. 그런 관계로 시베리아에서는 현지에 있는 이동휘가 실질적인 지휘자 노릇을 하고 있었다.

상하이 임시정부는 그중에서 규모가 가장 크고 자금도 비교적 풍부했으며 인물도 많이 모인 곳이었다. 상하이 임시정부 수립을 주도한 사람은 여운형, 이광수, 신채호 등이었다. 그러나 여기서도 의견 대립이 심하여 우여곡절 끝에 의정원이 제정되었고 마침내 국무원國務院 요원을 선출하기에 이르렀다. 국무총리에 이승만, 비서장에 조소앙, 내무총장에 안창호, 외무총장에 김규식, 재무총장에 최재형, 교통총장에 신석우, 군무총장에 이동휘, 법무총장에 이시영이 지명되었다. 이광수는 의정원의 서기와 평안도 대표직을 맡았다. 여기에 열거된 사람들 중 이광수 말고도 조소앙과 신석우는 아버지와 절친한 사이였다. 조소앙은 후에 나의 약혼식 주례를 맡아주었고 신석우는 6·25 전에 신교동 이웃에 얼마 동안 살면서 우리 집에 이따금 오곤 했다.

이 무렵 춘원 이광수는 상하이 임시정부에서 일을 보고 있었으나 도산 안창호가 "유능한 인재는 타국에서 허송세월하지 말고 귀국하여 우매한 민중을 계몽하라."고 한 충고에 따라 귀국했다. 장덕수, 김희선 등도 그의 뒤를 따라 상하이를 떠나 귀국했다.

이동휘는 임시정부의 인원 구성에 불만을 품고 하바로프스크에서 한인사회당을 결성한 뒤 고려공산당을 만들어 시베리아 지방의 한국인들을 집결시켰다. 이보다 앞서 레닌은 60만 루블이라는 대금을 임시정부에 전하라며 이동휘의 심복 한형권에게 주었다. 이동휘는 돈의 일부를 상하이 임시정부 요인들에게 나누어주고 곤도 에이조와 오스기 사카에를 통해 일본공산당에 2만 원, 중국 당원에 1만 원, 국내의 장덕수와 최팔용에게 8만 원을 주었으나 나머지 돈의 용처는 끝내 밝혀지지 않았다.

총독부 조서에는 아버지가 이 고려공산당에 가입한 것으로 나와 있다. 아버지가 시베리아로 간 시기와 고려공산당이 발족한 시기는 대체로 일치한다. 그가 입당했다면 아마도 창당 초기였을 것이고 이동휘가 정치자금 2만 원을 오스기 사카에를 통해 일본공산당에 보낼 때 중개 역할을 했을 가능성이 충분히 있다.

그러나 함께 입당한 여운형이나 안병찬 등이 이동휘의 유아독존적 영웅주의에 정이 떨어져 탈퇴했을 무렵 아버지도 탈당한 것으로 짐작된다. 당시 그가 써낸 글을 보면 이동휘와 같은 인물들의 추태를 한탄하고 있기 때문이다

여운형과 안병찬은 그 후 사회주의 연구센터를 창설하고 공산주의 이론을 연마하는 한편 많은 고학생을 원조해주며 유능한 인재를 육성했다. 여기를 거쳐 간 사람들 중에는 원세훈, 조완구, 장건상, 박헌영, 조봉암, 조동우 등이 있다.

6장

치열했던 현실 참여, 그리고 좌절

19 22년 여름, 일본 니가타현에 있는 싱에쓰信越 전력회사의 나카스가와 공사장에서 한국인 노동자가 학살당하는 사건이 일어났다. 이 사실이 알려지자 국내에서는 여론이 들끓었다. 일본 측에 명백히 잘못이 있는 이 사건에 대해 진상을 규명해야 한다는 소리가 높아졌다. 즉시 사건조사회가 결성되었고 아버지는 김사국金思國과 함께 조사위원으로 선출되었다. 8월 7일, 두 사람은 일본으로 건너가 현지에 있던 김약수金若水, 박열朴烈과 합류하여 사건의 전말을 조사했다. 김약수는 해방 후 제헌국회의원이 되어 국회부의장을 지냈고 박열은 무정부주의자로 활동한 사람이다.

이 사건은 험한 공사판에서 일본인 노동자가 평소 한국인 노동자에 대해 가지고 있던 우월감과 경멸감을 사소한 계기로 터뜨리며 일어난 것이었다. 어쩌면 한국인 노동자가 무슨 잘못을 저질러 발화점을 마련했을 수도 있다. 설사 그렇다고 한들 그들의 과오가 참살당할 만한 것이었을 리 없고, 동료 노동자나 감독원에게도 그들을 처형할 권리가 주어질 리 없었다.

우리나라 최초의 무정부주의 단체 '흑도회'를 조직하고 1923년 10월, 다이쇼 천황과 황태자 암살을 시도했던 박열. 1922년 한국인 노동자 학살사건이 일어났을 때 아버지와 박열은 일본 현지에서 사건의 진상을 조사했다.

　김사국은 조사가 일단락되자 8월 28일 귀국했으나 아버지는 일본에 계속 체류하면서 9월 7일 도쿄에서 조사보고회를 가졌다. 그는 이 자리에서 박열과 함께 보고 연설을 했다. 그리고 서울로 돌아와 9월 27일 다시 보고 연설회를 열었다. 그는 노동자가 살해당하게 된 상황을 설명하는 데 덧붙여 한국인 노동자의 노동 조건 개선과 사망 노동자의 위로금 문제를 제기했다.

　이 사건은 한국뿐 아니라 일본의 식자들 사이에서도 인종차별과 인권탄압의 발현이라는 의미에서 분분한 반응을 일으켰다. 한국에서는 조선인 출가(出稼)노동자조사회가 결성되었고 김한, 나경석, 박희도, 송진우 등 9명이 전형위원으로 선출되었다. 일본과 한국 내에서 여론을 불러일으켜 사람들에게 경각심을 주고 비슷한 사건의 재발을 막자는 게 그들의 활동 목표였다.

 아버지의 활동은 이처럼 어딜 가나 한국인의 복지와 이익을 위하는 데 집중되어 있었다. 그러나 그는 사회주의 이상이 현실과 상충되는 부분이 너무나 많다는 것을 의식하지 않을 수 없었다. 현실은 마르크스의 이론대로 움직이지 않았고 더욱이 일본에 병합당한 한국의 실정은 어떠한 사회주의 이론의 잣대로도 잴 수 없는 점이 많았다. 덮어놓고 마르크스를 조상처럼 숭앙하고 공산당에 맹목적인 충성을 다하기에는 감안해야 할 모순이 너무 많았다. 그는 그러한 모순과 괴리를 절충해가며 현실 문제의 가장 합리적인 해결점을 모색하려 했다. 그가 물산장려운동에 참여했을 때에도 그러한 태도가 기본 행동지침이 되었다.

 물산장려회가 발족한 것은 한국의 경제가 피폐하고 민생이 극도로 나빠진 시기였다. 1918년 극심한 한발로 흉년이 들고 식량난으로 지방 각지에서 쌀 소동이 일어나자 일본 정부는 쌀 증산계획의 일환으로 종자 개량을 지시했다.

 그러나 씨앗을 바꾼다는 것은 그리 쉬운 일이 아니었다. 한반도 전역에 걸친 씨앗 보급과 농민 계몽, 경작법 교육이 필요한 데다 인력으로는 어찌할 수 없는 기후의 조화가 작용하기 때문이었다. 또 단시일 내의 해결은 바랄 수 없고 몇 년씩 기다려야 하는 난점도 있었다.

 한반도 경제가 피폐한 원인은 농사뿐 아니라 다른 데에도 있었다. 일본인이 상품 시장을 독점하다시피 했기 때문이다. 1920년에 한일 간 관세제도가 철폐된 후로 일본 생산품은 아무 장애 없이 한국으로 들어와 시장을 휩쓸었다. 물량이나 품질로 따라가기 어려운 일본 상품이 가격마저 싸니 한반도의 생산업은 더욱 어려워질 수밖에 없었다. 뿐만 아니라 같은 해에 회사령도 철폐되어 지금까지 허가를 받아야 회사 설립을 할 수 있었던 것이 신고만 하면 회사를 만들 수 있게 되었다.

이에 따라 많은 일본 회사가 한국에 설립되었고 그들의 자본이 들어와 한국 기업을 위축시켰다. 1917년에는 한국에 있는 일본 회사가 10개였던 것에 비해 1921년에는 161개가 되었고 자본금은 1917년 3,801만여 원이던 것이 1923년에는 1억 7,500만 원으로 늘어났다. 강력한 자본력을 가진 일본 기업은 영세한 한국 기업을 쉽게 누를 수 있었다. 미쓰이三井계의 자본이 들어와 조선방적공업주식회사가 창립되었고 비료, 발전, 제재, 금속공업, 화학공업, 기계공업, 식료품공업 등 각종 공업이 연달아 들어왔다.

그런 가운데 소수나마 한국 기업도 생겨났다. 김성수는 1917년 이강형李康賢에게서 수공업 규모이던 경성방적회사를 인수, 100만 원의 자금을 투입하여 경성방적주식회사를 만들었다. 그는 회사 설립 허가신청서에 창립 취지를 다음과 같이 밝혔다.

조선에 있어서의 면포의 수용은 통계가 제시하는 바에 의하면 연액 4,200만 원이며 그중 2,700만 원은 이수입품移輸入品에 의존하고 있는 형편이니

일제 식민 지배 초기 몇 안 되는 한국인 소유 기업인 경성방적주식회사를 운영하던 김성수.

이의 자급을 기도함은 조선 경제 독립상 급무라고 하겠습니다.

김성수는 그 외에도 1915년에 중앙중학교를 인수해 경영한 바 있고 1920년에 〈동아일보〉를 창간했으며 1921년에는 보성전문학교를 인수, 재편성했다. 그의 동생 김계수는 1921년에 삼양사三養社를 창립하여 단시일에 크게 성장시켰다. 또 최준崔浚은 1919년 100만 원의 자본금으로 백산白山무역주식회사를 만들었고, 윤상은은 경남 구포에 저축회사를 만들어 경남은행으로 키워나갔다. 이러한 한국인의 기업과 은행이 있어 합방 후 완전히 침체했던 경제가 어느 정도 활기를 띤 것은 사실이었으나 그것은 어디까지나 극히 일부에 불과했고 한국 전체로 볼 때 그들은 경제를 좌우할 만한 규모를 갖지 못하였다.

3·1운동 이전에는 대한천일은행大韓天一銀行, 한성은행韓城銀行, 한일은행韓一銀行 등 3대 은행이 우리나라에 있었다. 그러나 이들 은행은 일본 은행에 비해 그 규모나 자본이 영세하여 대출 총액도 적었다. 더욱이 이들 은행은 총독부의 개입과 압력으로 인해 은행장이 한국인에서 일본인으로 서서히 바뀌어 갔다. 그리고 1920년대에는 한국 자본을 가진 은행은 하나씩 둘씩 일본 자본 은행에 통합, 흡수되고 말았다.

―――

물산장려회는 일본에 밀려 점점 쇠퇴해가는 한국 경제를 부흥시키자는 노력의 일환으로 조직되었다. 그 취지는 한마디로 일본 제품 대신 국산품을 사용함으로써 국내 산업과 자본을 키워나가자는 것이었다. 당시 〈동아일보〉를 비롯한 신문들은 그 취지를 설명하며 국민의 각성과 협조를 촉구했다.

신문은 우리가 의식주에 필요한 물건을 자기 손으로 만들지 않고 남이 만든 것을 사용할 때 우리의 산업적 기초가 파괴되고 그 결과 생활과 생명, 인격까지도 파괴당한다, 이 같은 경제 상태는 한국 사람을 몰락시키는 것이니 국민은 자각하여 물산장려운동에 참가하라고 논설에서 역설했다.

이 운동의 배경이 된 상황을 볼 때 나는 묘한 느낌을 갖지 않을 수 없다. 왜냐하면 그때나 지금이나 국민의 의식과 행동이 별로 달라진 게 없기 때문이다. 사람들은 지금도 우리나라 제품보다 외국 상품을 좋아하고 호주머니가 허락하는 한 외제 물건을 사려고 한다. 초등학생의 연필이나 지우개로부터 시작해 성인 남녀의 의복, 전자제품, 가전제품, 자동차, 화장품, 건축자재, 식료품 할 것 없이 우리는 외국 물건을 사용할 뿐 아니라 외국 물건이 좋다고 확신한다. 그러다 간혹 외국인이 우리나라 물건을 사 쓰며 좋다고 하면 오히려 의아해하는 것이 보통이다.

이러한 양상을 볼 때마다 나는 몇 년 전 일본에서 있었던 일을 상기한다. 당시 일본 총리는 미국과 일본 간의 무역 불균형으로 수출이 수입을 크게 초과하고 외화 보유액이 과다해지자 국민들에게 제발 외국 제품을 사서 쓰라고 권유한 일이 있었다. 그러나 사람들은 일본 물건이 더 좋다며 좀처럼 권유에 응하지 않았다는 것이다. 얼마나 대조적인 이야기인가.

물산장려운동의 특수성은 그것이 단순히 경제적인 대책이 아니라 애국운동적인 색채가 강했다는 데 있다. 합방을 당하고 억압을 당하고 차별을 당하고 가난을 당하게 된 사람들이 합심하여 간난艱難을 극복하고 민족의 긍지를 되찾자는 것이었다.

이러한 토산물 애호운동은 1920년부터 움트기 시작했다. 그해 7월 말 조만식과 동지들은 평양에서 발기인대회를 열고 물산장려운동의 기치를 높였다. 그러나 일이 여의치 않아 막상 물산장려조합이 형성된 것은 1922년 6월이었다.

1922년 12월, 서울의 조선청년연합회가 '제 것으로 먹고 입고 써라'라는 요지의 표어를 모집하여 사람들의 의식을 고취했고 1923년 1월에는 인천에서 일련의 운동이 일어났다.

그리고 1923년 1월 9일, 서울에서 조선물산장려회 발기준비위원회가 열렸다. 백관수, 유진태 등 10여 명의 발기인 중에 시베리아에서 돌아와 있던 아버지도 끼어 있었다. 1월 20일에 가진 창립총회에서는 이사 20명을 선출했다.

창립총회에서 만든 실행조건은 아래와 같았다.

1. 옷은 남자는 두루마기, 여자는 치마를 본목(조선무명)으로 염색하여 음력 정월 초하루부터 입도록 한다.
2. 음식물은 설탕, 식염, 청량음료, 과실을 제외하고는 토산물을 사용한다.
3. 일용품은 가급적 토산물을 사용하되 부득이한 경우에 한하여 외국 제품을 사용한다 하더라도 경제적 실용품으로 가급적 절약할 일이다.

옷에 사용되는 천은 같은 무명이라도 일본산 옥양목은 얄팍하고 윤이 나며 비단처럼 고왔다. 멋을 부리는 여자들은 흰 옥양목 겉감에다 옥색 물을 들인 명주로 안을 받쳐 두루마기를 지어 입었다. 그러면 흰 겉감에 옥색이 연하게 비쳐 은은한 멋이 풍기는 것이었다.

반면 한국산 무명은 발이 굵고 무겁고 투박했다. 직조 기계가 아

서울 익선동에 들어선 조선물산장려회 본부. '우리 경제는 우리의 힘을 모으자' '우리 물산은 우리가 애용하자' 는 문구가 보인다.

니라 주로 손으로 짜는 수직물이기 때문이다. 마구 입는 옷이라면 모르되 염색을 하고 다듬이질을 하고 홍두깨질을 해서 입자면 상당한 시간과 수공이 들었고 들인 공에 비해 효과는 과히 좋지 않았다. 또 고무제품, 가죽제품, 금속제품 등은 국산일 경우 종류가 제한되었을 뿐 아니라 세련된 맛이 떨어졌다. 요새 와서 광목이나 투박한 무명같이 토속적인 물건의 아름다움을 찬양하는 사람들이 많이 생겼으나 당시 토속성은 열등함을 의미하는 것이나 다름없었다.

이런 현실에서 대대적으로 국산품을 애용해 경제 부흥을 도모하고 애국심을 함양하자는 목표 아래 물산장려회에서는 2월 16일 천도교회관에서 선전을 위한 대강연회를 열어 취지를 설명했다. 아버지는 이 강연회의 사회를 맡아 회의를 진행했다. 약 300명의 회원과 청중이 모인 이날의 강연회는 성황리에 끝났다.

그들은 이어 한국의 각 도에서 짜낸 필목疋木으로 만든 도기道旗를 세우고 국악이 울려 퍼지는 가운데 시가행진을 하며 조선종이에 인쇄한 선전 전단을 뿌려 사람들에게 널리 알릴 계획이었다. 이 행렬에는 장안의 유명한 기생들도 참여하기로 예정돼 있었다.

그러나 총독부에서는 군경을 동원하여 시가행진을 저지했다. 그들이 가만히 있었더라면 국악 연주를 동반한 시가행진은 재미있는 행사 정도로 일반인에게 비추어졌을 것이다. 그러나 군경이 나서는 바람에 이날 행사는 애국운동의 색채가 오히려 더 짙어지는 결과를 낳았다.

이 운동에는 여성들도 적극 가담하여 토산애용부인회土産愛用婦人會가 생겼다. 부산, 인천, 평양을 비롯하여 경상남도의 사천, 의령, 마산, 전라북도 군산, 전라남도 여수, 평안북도 태천 등지에서도 운동이 일어났다. 또 서울과 인천을 비롯하여 전국 각지의 권번券番 기생들도 이에 가담했다. 기생들이 입은 국산 옷은 제법 태가 나고 멋져 보이기까지 해서 상당한 선전 효과를 거두었다.

서울의 회원들은 그해 4월 2일 제1회 정기총회를 열어 이 운동을 확장하고 기능화하기 위해 소비조합을 결성하는 동시에 기관지 〈산업계産業界〉를 발간하기로 했다. 아버지는 〈산업계〉 발행을 위한 책임위원이 되었고 이 잡지에 '조선 농산지와 생산력' '소비조합의 내력과 경영' '봉천에서 경성으로' '기아 정점에 서서' '장독과 바느질 간에 개재한 조선' 등의 글을 싣는 한편 〈동아일보〉에 '물산장려와 사회문제' '포목상 제씨에게 간곡히 고함' '토산운동을 어떻게 지속할까'를 써냈다.

이 글들은 시종일관 우리가 후진성을 탈피하여 경제력을 키우고 사회문제를 해결해나가는 길을 제시하고 있다. 아버지가 우리 생활의 간소화 혹은 근대화에 필요한 과정으로 꼽은 중요한 것 중에 장독이 있다.

장독은 우리나라 살림에 없어서는 안 되는 중요한 부분이다. 간장, 된장, 고추장과 김치는 국민 식생활의 기초가 되는 것들이다. 그러나 그것을 만들기 위해서는 많은 시간과 노력이 필요하기 때문에 여자들은 장 담그고 간수하는 일에 매여 헤어날 틈이 없다. 아버지는 일본에서처럼 우리도 된장, 고추장, 간장, 김치를 공업적으로 생산하고 사 먹게 해야 한다고 일찍부터 주장했다. 아버지의 주장은 그러나 너무 앞섰기 때문에 당시는 아무도 귀를 기울이는 이가 없었다. 요즘에 와서야 기성품 된장, 고추장, 간장, 김치가 나온 것을 볼 때 나는 착잡한 감을 금할 수 없다.

아버지와 동지들이 벌인 이 운동의 행로는 생각처럼 순탄하지 않았다. 우선 약삭빠른 상인들은 이것을 기화로 포목 값을 폭등시켜 부당 이득을 취하려고 했다. 상인들은 갑자기 국산 포목을 찾는 이가 많아지자 원목이 달려 산지에서 품귀 현상이 일어났다는 핑계를 대며 값을 끌어올렸다. 그런 행동이 그들의 얄팍한 꾀에서 나오는 것임은 누가 보나 명백했다.

아버지는 상인들에게 간절히 호소하는 글을 썼다.

우리의 운동은 실상 소비자의 개인적 견지로서는 막대한 손실됨이 분명하나 그것을 무릅쓰고 이를 단행함이 결코 우작(偶作)한 일이 아니고 최후의 이익은 제군에게 돌아갈 것도 명백하다. 이때를 당하여 상인으로서 적으나 사회에 봉사한다는 의식이 있으면 구태여 이러한 고언을 진술할 까닭이 없을 것이다. 위협이 아니요 격동(激動)이 아니요 제군의 최고 양심으로 자제하여 심사숙려(深思熟慮)하기를 간곡히 말함이라.

또 하나의 장애는 사회주의자들이었다. 물상장려회의 강연회가 열리자 청중석에서 진을 치고 기다리던 사회주의자들은 야유를 퍼붓고 소란을 피우며 강연을 방해했다. 그들은 물산장려운동이 "우리 절대다수인 무산자에게 여하한 의의가 있느냐"며 반대했다. 이러한 소동은 회합이 있을 때마다 되풀이되었다.

아버지 자신 사회주의자였으나 그는 물산장려운동에 관한 한

강경하게 그들과 맞섰다. 그는 "조선 경제 상태에 비추어 추궁할 것이요, 공상적 사회주의를 떠나 (…) 과학적 사회주의를 현실적으로 논증함이 우리가 우리 개인에게 대하여서뿐 아니라 사회에 대하여서도 할 일이라."고 주장했다.

사회주의자들은 정권을 떠난 물산 증식은 있을 수 없으니 우선 혁명을 해야 한다고 우겼다. 그러나 병합당한 이 땅에서 혁명이 어디 하루아침에 이루어질 수 있는 일인가. 이루어질 수 없다면 이루어질 때까지는 우선 노동자의 생계를 확보하고 봐야 하지 않느냐고 아버지는 생각했다. 일본이 한반도의 관세법을 폐지한 후 일본 물자가 물밀듯 들어오고 있었다. 이대로 둔다면 한국의 산업은 날로 쇠퇴하고 끝내는 일본에게 시장을 완전히 잡아먹힐 것이 뻔했다. 산업이 망하면 노동자들은 일터를 잃고 아사할 수밖에 없다. 자본주의 정치체제를 혁명으로 뜯어고치기를 기다리자면 노동자들은 그동안에 굶어 죽을 것이 뻔하니 우선 그들부터 먹고살게 해놓고 보자고 아버지는 주장했다.

이러한 주장으로 인해 아버지는 동료 사회주의자들로부터 맹렬한 비난과 공박을 받았다. 배신자, 전향자라는 욕이 빗발쳤다. 그러나 아버지의 합리주의와 상식으로는 그런 공론적인 이론에 동의할 수는 없었다.

김명식金明植 같은 이는 정치 개혁은 당장 불가능하니까 그것은 생략하고 대신 경제 조직의 변혁을 도모하자는 이론을 내세웠다. 그는 사회주의적인 경제 개혁을 위해서는 국경을 넘어 남의 나라

노동자 동지들과 손을 잡아야 한다고 주장했다.

그러나 이해관계가 상반된 한국, 일본, 중국의 노동자들이 대동단결한다는 것은 이상론적인 가설에 불과할 뿐 실제로는 그들이 치열한 밥그릇 싸움을 벌일 것이 뻔한 일이었다. 일본의 동척이민 東拓移民(동양척식주식회사에서 추진한 조선 이민 사업에 맞춰 한국으로 들어온 일본인들을 일컫는다. -편집자)은 자기 나라에서는 최하층에 속하는 극빈자들이지만 한국인을 대할 때는 우월한 정복자의 자세를 취할 것이 불 보듯 뻔했다. 또 도로공사를 하러 경성에 온 중국 노동자들도 어디까지나 밥벌이를 하러 왔지 한국 노동자를 위해 정치적으로 협력하고 도울 생각은 꿈에도 없을 것이었다.

아버지는 물산장려가 유산 무산을 막론하고 한국 사람의 공통적인 이해를 대표하는 운동이며 '조선인의 죽음을 면해주는 주의'라고 생각했다. 어떤 이는 물산장려운동을 일 좋아하는 사람들이 꾸민 장난이라고까지 비꼬았고, 또 어떤 이는 생활문제를 빙자한 민족주의자의 사상운동으로 보기도 했다. 어떤 일이든 시작을 하려면 말이 많게 마련이지만 물산장려도 예외가 아니어서 일하기가 결코 수월하지 않았다.

사회주의자들이 반대하는 두 번째 이유는 물산장려운동으로 한국의 산업이 발전한다 하더라도 그것은 자본가에게만 이롭지 무산자에게는 아무런 이득이 없다는 것이었다.

그러나 아버지의 생각은 달랐다. 몇몇 자본가가 부를 축적한다 할지라도 노동자는 그 밑에서 일하는 동안 빈약한 임금으로라도 연명해갈 수가 있지 않은가. 혁명할 시기를 기다린다며 그동안에 두 손 맞잡고 굶어 죽을 수는 없지 않은가. 또 일하는 가운데 자기들 처지를 자각하기에 이르면 그것을 계급투쟁의 토대로 삼을 수 있지 않은가. 저임금으로 일하는 노동자들은 누가 가르치지 않아도 자기들이 착취당하고 있음을 저절로 인식하게 되고 그것이 오히려 투쟁심을 자극하지 않겠는가.

아버지가 보기에 한국의 공업은 공업이 아니었다. 영세한 공장들은 가내공업의 범위를 벗어나지 못하고 있었으며 자본가의 수효나 고용된 노동자의 수효는 한 계급을 형성하기에 너무나 미약했다. 소규모 공장에서 고용주와 피고용인은 교과서적인 주종관계라기보다 가족관계에 더 가까운 형태를 띠고 있었다.

노동자들은 단결하여 유산자들에게 대항하며 계급투쟁을 벌이기는커녕 공장주가 부도를 내고 공장이 문을 닫으면 자기들 굶을 걱정보다 주인에게 동정의 눈물을 흘리며 돌아서는 것이었다. 요사이 우리가 목격하는 격렬한 노동쟁의니 투쟁은 당시 딴 세상 이야기였다. 혁명을 위해서는 그 전에 해야 할 일, 준비되어야 할 단계가 무수히 많았다. 그것을 모두 무시하고 혁명부터 부르짖는 사람들을 아버지는 공상적 사회주의자라고 불렀다.

한국의 영세산업은 유물사관에서 혁명의 시기로 간주하는 '산업이 더 이상 발전할 여지가 없을 만큼 발전하여 전복의 기회가 무르익은 상태'와는 거리가 멀어도 한참 먼 상태에 있었다. 상업은 발전할 여지가 얼마든지 남아 있었고 급선무는 전복이 아니라 오히려 생산력의 증대였다.

하기야 러시아는 생산력이 충분히 발달하기 전에 혁명을 일으켜 승리를 거두었다. 그러나 그 때문에 그들의 신경제제도는 미숙한 생산력에서 오는 온갖 결함과 부작용을 감수해야 했다. 혁명이 발발하는 그 순간까지 생산력은 사회 생존의 필수조건이므로 이윤 분배가 불공평하다고 그것을 중단할 수는 없는 일이었다.

사회주의자들은 또한 "물산장려는 무산자에게 근소한 생계를 부여하여 혁명의 시기를 지연시킨다."는 이유로 반대했다. 그러나 혁명은 사람들의 빈곤이 극에 달한다고 일어나는 것이 아니라 무산자의 단결이 강력해지고 물질적 조건과 형세가 다 갖추어져야만 성공할 수 있었다.

러시아에서 혁명이 일어난 배경에는 수만 명에 달하는 지식층의 귀농운동歸農運動이 있었다. 그들은 가족을 떠나 농촌에 들어가 농민들과 살고 일하면서 그들을 계몽하고 조직하고 훈련했다. 그러한 사전 정지작업 없이 러시아 혁명은 절대 불가능했다.

> 사회주의운동은 자신을 완전히 희생하고 들어가는 헌신적인 노력 없이 매명이나 꿈꾸는 얄팍한 계산으로는 될 일이 아니다. 주의 주장을 같이한다는 단체나 개인이 자기들의 영달과 명성을 위해 쪽쪽이 갈라져서 사분오열하고 있으니 얼마나 가소롭고 한심한 일인가.

이러한 주장을 펴는 아버지를 향한 사회주의자들의 공격은 맹렬했다. 부르주아의 아들이니까 부르주아의 편을 들 수밖에, 부르주아의 아들이 사회주의를 하면 얼마나 하겠느냐, 이제 그 본성이 드러나고 있다고 그들은 빈정댔다. 공격은 집요하고 격렬하여 "경성에서 도쿄에 이르기까지 공석에서 혹은 가두에서, 사석에서 설전구투舌戰口鬪의 돌격을 당함이 한두 번이 아니었다."고 아버지가 피력할 정도였다. 아버지는 그들에게 포위되어 '험구險口 억설臆說의 난사亂射를 당하는 일도 허다하여 그들이 사회문제에 대해 그토록 적성으로 응전함이 심상치 않음을' 느끼기도 했다.

맹렬한 비난을 퍼붓는 논적 중의 하나가 주종건朱鍾建이었다. 그는 유식하고 논리 정연한 필치로 〈무산계급과 물산장려〉라는 논문을 써낸 아버지와 도쿄에서 만나 일장 토론을 벌였다. 그는 열렬한 공산주의자이며 러시아를 조국으로 섬기고 레닌과 트로츠키를 숭배하는 사람이었다. 그리고 당장 급한 한국의 사정에 대한 적절한 대책을 생각하기보다 만국 무산계급의 단결을 주장하고 있었다. 아버지도 무정부주의자 트로츠키를 존경하고 있었으나 주종건에 대한 아버지의 반박은 통렬했다.

> 다만 조선 사람으로서 조선의 필연적 현실 문제로 발생한 조선 물산장려 운동에 관하여 그 불가능한 이유만 열거하였을 뿐이요 조선의 대중이 당장 아사하는 엄숙한 사실을 통절히 감득感得치 못함으로 만국의 무산계급이 단결할 때에 조선의 무산자는 아사하여 유령으로나 국제대회에 참석케 될 것을 매우 등한시한 모양이다.

아버지는 지칠 줄 모르고 일일이 반대 이론에 응답하는 글을 써 냈다. 물산장려에는 물론 득실이 있다, 그러나 손실을 피하려 두 손 잡고 죽음을 기다릴 수는 없지 않느냐, 우선 살고 보자.

1923년 1월에 있었던 이사회에서 조사부원으로 선임된 이래로 아버지는 조선 생산품의 생산량과 수요에 관한 조사를 실시했다.

이 조사에 의하면 한반도에서 사용되는 직물에는 일본 산품뿐 아니라 중국 산품도 상당한 양이 있었다. 아버지는 〈산업계〉 2호에 '조선에서 개량 마포麻布를 짜내어 이에 대항해야 한다'는 요지의 글을 써내고 이어 3호에 '조선 경작지 면적'이라는 글에서 일본 총독부의 정책에 의해 농민이 자작농에서 소작농으로 변해가는 현황을 지적했다. 또 '조선 산업자와 생산력'이라는 글에서 국내의 토지 소유, 농가 수, 경작 면적, 생산미米 등의 상세한 통계를 내고 "조선의 경작지는 이것저것을 제거하면 실상 300만 정보가 될 것이다. 이것을 먹자고 매년 동척이민을 데리고 오려는 계획을 포기치 아니하니 우리는 다 죽어도 관계없다는 말인지 좀 물어보았으면 한다."며 일본 국민만을 생각하는 식민정책에 항의했다.

아버지의 조사 활동은 물산장려운동을 위한 과학적 분석의 토대가 되었다. 그가 반대 이론가들을 공상적 사회주의자라고 한 데에는 이러한 통계적 근거와 현실 파악에 입각한 확신이 있었다.

그는 또한 물산장려회 이사회에서 설립한 소비조합운동에도 가담했다. 소비조합 설립위원으로는 아버지 이외에 송진우, 백관수, 고용환高龍煥, 설태희薛泰熙가 선출되었다. 소비조합은 유통 과정을 합리화하여 중간상인의 부당한 이득을 배제하고 소비자의 이익을 보호하는 한편 물산장려운동이 갖는 단점을 보완하자는 취지에서 구상되었다. 그러나 조합의 설립은 하나의 기안으로 그치고 실제적인 실현은 보지 못하고 말았다.

아버지는 물산장려운동이 침체하게 되자 1924년 6월 이사직을 사임하고 만주 봉천으로 이주했다. 이로써 그는 일단 실천 활동의 일선에서 물러난 셈이다. 뒤떨어진 조국을 개혁하기 위해 사회주의를 신봉했으나 실천 단계에서 많은 모순과 좌절에 부딪혔고 전향자라는 비난을 감수하며 물러나야 했던 그의 심정엔 형언하기 어려운 착잡함이 있었을 것이다.

7장

만주 봉천에서 시작한 새로운 생활

1923년 9월 1일, 도쿄에서는 관동대지진이 일어났다. 이것은 일본 천지를 뒤흔드는 대재해였을 뿐 아니라 재일 한국인에게도 무서운 인재를 가져온 사건이었다.

당시 아버지는 〈동아일보〉의 객원기자로 만주와 러시아, 한국 사이를 왕래하며 동포에 관한 기사를 취재하는 한편 물산장려운동에 가담하여 우리나라 경제를 조금이라도 호전시키려 애쓰고 있었다. 어머니는 아직 도쿄여자고등상업학교에 재학 중이었으나 때마침 여름 방학이라 서울 집에 와 있었다.

관동대지진은 세계 많은 이들에게 큰 충격을 준 사건이었으나 아버지에게는 두 가지 이유로 청천벽력이었다. 하나는 말할 것도 없이 한국인 학살 사건이고 또 하나는 오스기 사카에 피살 사건이었다. 지진 발생과 동시에 곳곳에서 일어난 화재는 걷잡을 수 없이 번져 삽시간에 도쿄 전체를 불바다로 만들었다. 시설이 파괴되었으므로 불을 끌 방도가 없었다. 사람들은 강풍을 타고 기승을 부리는 불길 속에서 조금이라도 안전한 곳을 찾아 헤매었다.

이런 사태 속에서 사람들을 더욱 불안하게 만든 것은 유언비어였다. '사회주의자와 불영선인不逞鮮人이 방화한다. 특히 조선인들은 독약을 우물에 투입하고 강도, 강간을 일삼고 다닌다'라는 것이 주된 내용이었다. 그리고 한국인들이 저질렀다는 폭행 사건이 과장 보도되었다. 민심은 극도로 흉흉해지고 도처에서 한국인에 대한 보복 살해 사건이 속출했다. 이에 일본 정부는 국민에게 경거망동을 삼가라는 포고를 냈다.

학살을 모면한 한국인들은 발견되는 대로 나라시노習志野에 있는 수용소로 압송되었다. 나라시노에 간 사람들은 러일전쟁 당시 러시아인 포로를 수용하던 건물에 40일 혹은 60일 동안 수용되었다가 풀려났다. 수용소 생활은 가혹한 것이었으나 그들은 적어도 목숨만은 건질 수 있었다. 이때의 한국인 희생자가 6,700명이라고도 하고 2만 명이라고도 한다. 이토록 어이없는 대학살을 야기한 유언비어의 근원은 오늘날까지 정확히 밝혀지지 않았다. 다만 군과 경찰의 조작일 것이라는 추측에 그치고 있을 뿐이다.

당시 도쿄에 있었던 유학생 박사목朴思穆, 민석현閔錫鉉, 이창근李昌根, 최승만崔承萬 등은 10월 초에 조사단을 조직하여 사건 진상 규명에 나서려고 했으나 경찰 당국이 그들의 활동을 사전 봉쇄하는 바람에 뜻을 이루지 못했다. 이들 중 최승만은 고모의 애인이던 최승구의 사촌이며 나중에 아버지의 고무공장 지배인으로 일하다가 후일 이화여대 부총장이 되었던 분이다. 진상 조사가 불가능해지자 그들은 위문단을 만들어 유가족을 방문하는 한편 버려진 시신들의 소재를 확인하는 일을 했다. 시신들은 수십 명씩 한 구덩이에 쓸어 넣고 흙도 제대로 덮지 않은 채 버려둔 것이 많았다.

관동대지진은 사회주의자들에게도 수난을 안겼다. 지진이 일어나고 사흘 만인 9월 4일 야밤에 난가쓰南葛 노동조합의 가와이 요시도라河合義虎와 히라자와 게이시치平澤計七 등이 가메도龜戶경찰서에서 살해당했다. 가메도 사건이 일어난 지 10여 일 후에는 오스기 사카에와 그의 아내 이토 노에伊藤野枝, 그들의 어린 조카 다치바나 소이치橘宗一가 도쿄헌병대 건물 안에서 살해당했다. 일본 사회주의의 거물 오스기 사카에는 39세의 젊은 나이로 한 군인의 폭거에 의해 이 세상에서 사라졌다.

아버지의 충격은 이중삼중으로 컸다. 학살의 대상이 한국인이고 사회주의자였다면 아버지 자신이 학살을 당한 것이나 다름없었다. 한국인들은 아버지의 동포이고 오스기 사카에는 그의 스승이나 다름없는 사람이었다. 오스기는 기행과 파격적인 성격으로 이따금 사람들을 놀라게는 했으나 한편으로는 천진난만하고 천의무봉한 면이 있었다. 아버지가 그에게 끌린 것은 일차적으로 사상 때문이었으나 그의 인간적인 매력 덕도 있었다.

―――

오스기의 죽음은 일본 사회주의 사상사에 큰 획을 그은 동시에 아버지의 인생에서도 하나의 전환점이 되었다. 이때를 기점으로 사회운동 일선에서 물러나 공업가로서의 길을 걷기 시작한 것이다. 아버지는 1924년 6월 19일 물산장려회 이사직을 사임하고 봉천으로 이주했다. 어머니 송남松南 배숙경裵淑卿도 이해 봄에 학교를 졸업하고 봉천으로 가서 아버지와 살림을 차렸다.

만주는 황량한 벌판이 한없이 펼쳐지고 태양이 지평선에서 뜨고 지평선에 지는 문자 그대로의 대륙이었다. 벌판에는 가오량高粱(수수)이 끝도 없이 심겨 있고 토담을 친 회색 농가들이 이따금 보이곤 했다. 가난해도 윤기가 도는 한국의 산야와는 달리 만주는 황진이 천지를 부옇게 덮어 황량함을 더했다.

봉천은 중국인들이 오래전부터 살던 구시가와 일본인들이 만든 신시가로 나뉘어 있었다. 구시가에는 중국인들의 시장, 가게, 음식점, 청나라 때의 고궁故宮, 북능北陵, 청루靑樓 등이 있고 인구밀도가 높아 좁은 길은 언제나 붐비고 시끄러웠다.

이에 비해 일본인이 사는 신시가는 길도 널찍하고 현대식 철도역사, 백화점, 호텔, 병원, 학교, 고층 아파트 등 말쑥한 건물이 들어서 제법 현대 도시의 면모를 보였다.

한국 사람들은 서탑과 십간방十間房이라고 불리는, 구시가와 신시가의 중간 지역에 모여 살고 있었다. 이곳에는 한국인 초등학교와 한국인 교회도 있었다. 한국인 교회는 백 목사라는 분이 없는 돈을 긁어모아 천신만고 끝에 세운 것이었다. 백 목사는 상하이 임시정부에 있다가 봉천으로 와 교포 사회를 위해 봉사하면서 교회를 운영해나가고 있었다.

아버지는 기독교인이 아니었으나 교포를 위해 일하려는 공통

고모의 기억 속에 남아 있는 〈만주 봉청 풍경〉(나혜석 작, 1923년)

의 의지로 백 목사와 가까이 지냈다. 백 목사는 가끔 우리 집에 다니러 와서 심한 평안도 사투리로 이야기하다 가곤 했다. 두 사람이 주고받는 이야기는 곁에서 듣기에도 친근감이 넘쳤다. 눈이 서양인처럼 움푹 꺼지고 목소리가 높은 그는 나를 보면 아버지와 꼭 닮았다며 귀여워해 주었다.

지금까지의 활동을 청산하고 봉천으로 옮겨 앉는 데 대해 아버지로서는 적잖은 회한과 감회가 있었을 것이다. 그것은 한편으로는 활동의 좌절에서 온 회한이고 다른 한편으로는 뜨내기 생활을 청산하고 한곳에 정착하는 감회이기도 했다. 그는 만주로 가면서 이렇게 자기 심정을 기록했다.

조선 중산계급이 의외로 급격히 파괴되어 (…) 혁명하기에 너무 무력하고 타협하기에 마음이 허락지 아니하고 은둔하기에 너무 청춘이 아까워서 최후의 비약을 시도하는 것이다.

한국에는 호적상의 아내가 있으므로 거기서 살림을 차리기는 거북했다. 만주는 그동안 그가 오가면서 동포들을 위해 일해오던 시베리아와 이웃한 곳이라 심정적으로 익숙했다. 최후의 도약을 시도하는 무대로는 그곳이 좋아 보였다. 그는 만주에 이주하면서도 〈동아일보〉 봉천지국장직을 맡아 계속 기사를 썼다.

아버지와 어머니는 우선 미야지마정宮島町에 셋집을 얻었다. 여기는 신시가의 일본인 거주지였다. 아버지가 한국인 동네가 아닌 일본인 지역에 살기로 한 데에는 그 나름의 이유가 있었다. 우선 일본인 거주지는 한국인 거주지만큼 관헌의 감시가 심하지 않았다. 또 하나는 차별정책에 항의하는 의미도 있었다.

미국 아칸소의 리틀록에서 흑인들이 백인 거주지에 들어가고 백인 학교에 아이들을 보낸 것과 비슷한 심정으로 그는 일본인 거주지로 들어갔다. 병합을 했으면 속속들이 합쳐야 하지 않는가. 왜 일본인은 일본인 지역, 한국인은 한국인 지역에서 편을 갈라 살아야 하는가. 그러나 일본 동네에서 살기 시작한 아버지와 어머니는 이웃에게서 냉대나 박해를 받은 일은 없었다. 개인적으로 사귄 일본인들은 모두 인사성이 바르고 친절했다.

셋집에서 차린 신혼살림에는 식객이 끊이는 날이 없었다. 어머

봉천에서 찍은 가족사진. 왼쪽 어머니 품에 안긴 아기가 상균, 가운데가 나, 그리고 오른쪽 아버지에게 안긴 아이가 희균이다.

니는 생전 처음 보는, 이름도 성도 모르는 사람들을 위해 아침저녁으로 끼니를 제공하고 좁은 집 안에 잠자리를 마련해주었다. 대부분 관헌에 쫓기는 사람들이었는데 이렇게 자고 먹으러 오는 사람의 수가 매년 평균 50명꼴은 되었다. 2~3일 머물다 가는 사람도 있고 몇 달씩 눌러앉는 사람도 있었다.

   경찰이 그런 낌새를 알아차렸는지 아버지 집을 감시하기 시작했다. 식객들은 아침에 어디론가 나갔다가 어두워서야 들어오는 것이 보통이었다. 그런데 어느 날 김 아무개라는 식객이 집 안에 남아 있을 때 갑자기 경관이 찾아왔다. 어머니는 순간 다락에 개켜 얹은 이불 사이에 그를 감추고 경관에게 문을 열어주었다. 경관은 집 안을 이리저리 다녀보더니 다락문을 와락 열었다.

   어머니는 소리도 못 낸 채 그의 등 뒤에서 사색이 되어 있었으나 경관은 이불 사이에 손을 넣어볼 만큼 치밀한 위인이 아니었다. 그는 누가 숨어 있다면 접힌 이불 사이가 아니라 이불 위에 엎드려 있으리라고 생각한 듯하다. 아니면 파랗게 질린 새댁이 안쓰러워 눈 감아줬는지도 모른다. 어쨌든 그는 그대로 가버렸다. 어머니는 그가 간 뒤 한참 동안 떨리는 가슴을 진정시키지 못했다.

   느닷없이 경관이 들이닥쳐 집 안을 뒤지는 일을 어머니는 이후에도 여러 번 겪었다. 그래서 '가택 수색'이라는 생경한 문자가 나의 어휘 속에는 어려서부터 포함되었다.

아버지는 부지런하여 일을 좋아했다. 그는 봉천에 자리를 잡자 동양척식주식회사(이하 동척회사)에서 고액의 융자를 얻어냈다. 그 돈으로 '주식회사 민청공사民靑公社'를 만들어 유휴지를 수만 평 사들였다. 넓은 만주 벌판에는 노는 땅이 얼마든지 있었다.

그는 영남과 평안도의 농가 20여 가구를 이곳에 이주시켜 땅을 개간하게 했다. 좁고 답답한 고향보다 넓고 시원한 만주에 와서 열심히 일하면 밝은 미래를 바라볼 수 있을 거라고 그들을 설득한 것이다. 민청공사에는 설원식薛元植, 황남익黃南翼, 김하종金河鍾 등이 들어와 일을 도왔다. 이들은 모두 독립운동을 하다가 만주로 흘러온 사람들이었다. 그러나 아버지도 동료들도 이런 일에는 모두 생소했다. 의도는 좋았으나 만주의 기후 풍토에 익숙지 않고 농사라고는 지어본 일도 없는 사람들이었다. 그러니 실적이 의도를 따라주지 않았다. 농사라는 것이 하루 이틀 사이에 습득할 수 있는 일도 아니려니와 만주는 땅도 토박하고 기후도 가혹했다.

경험이 없는 그들은 관리인을 두어 농민을 정착시키는 일에서부터 농토의 분배며 실제로 소작 농사를 맡기는 일, 농장을 경영하는 일 등 일체를 일임할 수밖에 없었다. 관리인은 한국인이었으나 동척회사에서 나온 돈은 임자가 없는 돈이라고 생각했는지 일은 엉망으로 하면서 자기 실속을 채우는 데만 열중했다. 회사 측에서 소작인에게 경작을 맡기면 그 소작인이 관리인과 짜고 하청 소작을 준 뒤 자기들은 판판히 놀면서 소작료를 받아 나누어 먹고 회사에는 푼돈밖엔 들여놓지 않았다. 민청공사는 1930년까지 그럭저럭 명맥을 유지했으나 부실한 운영으로 끝내 실패하고 말았다.

이때 민청공사 관계로 만주에 이주한 사람들 중에는 위에 든 간부들 말고도 독립운동을 하다가 온 사람들이 여럿 있었다. 그중 한 명으로 나는 한창수韓昌洙라는 분을 기억하고 있다. 그는 키가 크고 기다란 목에 목젖이 유난히 튀어나온 데다 경상도 사투리가 심한 대구 사람이었다. 어찌나 강직하고 꼬장꼬장한지 그를 보고 감탄하지 않는 이가 없었다. 그는 민청공사의 땅을 얻어 소작하다가 나중에 그 땅을 불하받아 자작농으로 성공한 몇 안 되는 사람 중 하나였다. 그러나 해방이 되자 그는 중국인에게 땅을 모두 빼앗겨 도로 빈털터리가 되어 한국으로 돌아오고 말았다.

또 우리 할아버지 집에서 몸종으로 일하다가 건너온 김 서방이라는 사람이 있었다. 내가 처음 보았을 때 그는 이미 늙어 허리가 구부정하고 긴 수염은 희었다. 조그만 눈이 유난히 반짝거리고 두 볼이 언제나 불그스름하고 코가 뾰족했다. 그는 추수 때가 되면 농사지은 쌀이니 콩, 팥 등이 든 곡식 자루를 짊어지고 우리 집에 찾아왔다. 그는 아버지를 업어 키운 사람이었다. 그래서 아버지는 언제나 그를 반가워했고, 어머니도 올 때마다 부지런히 집 안팎을 다니며 치우고 쓸고 닦아주는 그를 고마워했다. 사시사철 흰색 무명 바지저고리에 회색 조끼를 걸친 그는 저녁이면 한 자루나 되는 잣을 한 개씩 집어서 집게로 까나갔다. 어찌나 능숙한지 그 많은 잣을 다 까는 데 시간이 얼마 걸리지 않았다. 그는 아무 일도 안 하고 시간을 보내는 것을 못 견뎌 할 만큼 부지런했다. 정직과 성실과 근면의 표본 같은 사람이었다.

아버지는 그의 아들 김준배金俊培를 데려다 사대자四大子에 땅을 사주고 농사를 짓게 했다. 김준배도 그의 아버지 못지않게 부지런하고 성실한 사람이었다. 그는 메마른 만주 땅에서 좋은 작물을 키우기 위해 연구와 노력을 아끼지 않았다. 그래서 얼마 가지 않아 자기 소유의 땅도 사들이고 제법 중농으로 행세할 수 있게 되었다. 그는 이웃인 중국 사람들과도 잘 사귀어 인심을 얻어놓았기 때문에 훗날 일본이 전쟁에 패했을 때도 다른 사람들처럼 중국인에게 봉변을 당하는 일이 없었다. 아버지가 애써 만든 민청공사는 몇 명의 쓸 만한 사람들을 소득으로 남긴 채 문을 닫고 말았다.

―――

1925년 1월 6일에 장녀 현균賢均이 태어났다. 갓 낳았을 때부터 이목구비가 뚜렷하고 예쁜 아기였다. 아버지는 기뻐서 수원 사촌 형에게 기별을 보냈다. 사촌 형은 아버지의 두 번째 결혼을 반대한 사람이었으나 아기를 낳았다는 소식엔 희색을 감추지 못했다.

옛날 사고방식으로 자식을 낳는다는 것이 무엇보다도 가문을 위해 중요한 일이라고 그는 생각했다. 큰아버지는 딸이라서 유감이나 아들은 다음에 낳으면 되는 것이니 우선 현균이라고 이름을 지었다는 편지를 보내왔다.

사촌 형의 반응이 좋자 아버지는 이 기회에 어머니를 수원에 데리고 가 큰댁 어른들에게 인사를 드리게 하려고 마음먹었다. 그러나 어머니는 아들을 낳을 때까지는 가지 않겠다고 했다. 어머니는 자신이 아들을 낳아야 아버지의 종형이 나씨 가문 사람으로 인정하리라는 것을 미리 알고 있었다.

현균은 예쁠 뿐 아니라 영리했다. 말도 유난히 일찍 시작했고 발음도 유아답지 않게 또렷해 이름 그대로 현賢을 구현한 듯한 아이였다. 현균이 다섯 살 되었을 때 아버지와 어머니는 집을 마쓰시마정松島町으로 옮겼다. 1929년 내가 태어난 뒤의 일이었다.

집 건너편에는 가스가春日 유치원이, 근처에는 가스가 공원이 있었다. 그리고 그 공원 저편에는 가스가 소학교가 있었다. 동네 아이들의 좋은 놀이터이던 이 공원은 지금도 중산공원이라는 이름으로 건재한다.

부모님이 이곳으로 이사한 것은 현균과 나의 교육 문제를 고려했기 때문이었다. 현균은 이른 생일이라 여섯 살에 건너편에 있는 유치원에 들어갔다. 유치원 원장은 세코다迫田라는 독신 여성인데 아이들을 진심으로 사랑하는 사람이었다. 어머니가 현균이를 데리러 가면 따라간 나를 반가이 맞으며 귀여워했다. 그것은 단순한 겉치레나 인사가 아니었다. 그는 내가 다섯 살 때부터 유치원에 무료로 다니게 해주었다. 어려서 나는 미간이 넓고 퉁퉁하고 좀 멍청해 보이는 아이였으나 유치원생의 노래나 춤을 일일이 흉내내며 따라 하는 것을 보고 넣어준 것이다. 그래서 나는 일 년은 무료로, 일 년은 수업료를 내고 유치원에 다녔다. 얼굴이 갸름하고 눈썹이 진한 데다 유달리 눈이 크던 원장 선생님의 모습을 나는 지금도 선명히 기억한다.

〈유우야케 고야케〉〈아메후리 오쓰키상〉〈쇼죠지노 쓰키〉〈동구리〉 등 그때 배운 동요들은 지금도 가사가 술술 나올 정도로 또렷이 기억이 난다. 아버지는 혀 짧은 소리로 내가 부르는 노래를 흥내내며 웃곤 했다. "가야스모 잇쇼니 가에이마쇼."

유치원은 이렇게 원장의 따뜻한 보살핌 속에서 덤으로까지 다녔으나 현균이 학교에 들어가려고 했을 때는 사정이 달랐다. 이웃에 있는 가스가 소학교에서 한국인은 한국인 학교에 가라며 현균의 입학을 거부한 것이다. 한국인 학교는 한국인 거주 지역인 서탑에 있었다. 그곳은 걸어가자면 한 시간이나 걸리는 거리여서 도저히 아이가 다닐 수 있는 곳이 아니었다.

아버지는 교장을 찾아갔다. 같은 말을 되풀이하며 현균을 받을 수 없다고 하는 교장에게 아버지는 강경하게 항의했다. "일본이 한국을 합병해놓고 일시동인一視同仁이니 내선일체內鮮一體니 하면서 정작 아이들이 가까운 학교에 가려는데 그걸 거부하는 이유가 무엇이냐?"고 따졌다. 아버지는 만약 계속 현균의 입학을 거부한다면 학교 재단이사인 만철滿鐵 총재를 찾아가 항의할 것이고 그래도 안 된다면 행정소송이라도 제기하겠다고 말했다.

마침내 교장이 고집을 꺾고 현균은 입학이 허락되었다. 현균의 입학은 하나의 전례가 되어 이때부터 일본인 학교는 한국인에게 문호를 개방하기 시작했다. 그러나 현균은 이 학교에 오래 다니지 못했다. 원래 몸이 허약하던 현균은 시름시름 앓기 시작하더니 몸 져누워 끝내 일어나지 못했다. 먹는 것이 체내에 흡수되지 않고 고스란히 나와버리는 장 결핵에 걸린 것이다. 나는 병석에 누운 언니가 옷을 갈아입기 위해 벗은 모습을 본 기억이 난다. 드러난 언니의 배는 웅덩이처럼 움푹 패고 양쪽 골반뼈가 칼날처럼 뾰족하게 솟아 있었다. 참으로 충격적인 모습이었다.

  당시에는 결핵에 걸리면 치유될 가망이 거의 없었다. 아버지와 어머니는 현균을 입원시키고 온갖 치료를 해보았으나 언니는 결국 여덟 살 때 죽고 말았다. 자식 잃은 슬픔은 아버지나 어머니나 마찬가지였으나 특히 어머니는 혹시 한국이었다면 현균이 결핵에 걸리지 않을 수도 있지 않았을까 하는 한을 저버릴 수 없었다.

  만주라는 곳은 먼지와 매연이 많고 수질도 좋지 않아 생활 환경이 대체로 비위생적이었다. 그래서 겨울에는 페스트를 비롯하여 장티푸스와 파라티푸스, 여름에는 역리疫痢(한여름철 어린아이들에게 많이 생기는 급성 전염성 설사병. -편집자)나 이질, 콜레라가 유행했다. 한국 사람들은 자기들은 마늘을 먹어 이질에 강하지만 일본인은 걸리기만 하면 꼼짝도 못 하고 죽는다고 자랑처럼 말했다. 그러나 누구든 걸리기만 하면 고통받는 것은 매한가지였다.

―――――

  대륙의 겨울 추위와 여름 더위는 혹독했다. 11월 초부터 밀어닥치는 한파는 내린 눈을 곧바로 얼려버리고 그 위에 또 내린 눈이

4학년 때 반 친구들과 함께. 왼쪽 첫 번째가 나, 나영균이다.

다시 얼기를 되풀이하면서 도로는 두께 30센티나 되는 얼음으로 덮여 이듬해 3월이 될 때까지 녹을 줄을 몰랐다. 빙판이 된 도로 위에 돌멩이나 흙, 지푸라기 같은 것만 없었다면 집에서 학교까지 스케이트를 타고 너끈히 갈 만했다.

눈은 내리는 즉시 까만 매연에 덮여 석탄 빛으로 변한 채 더러운 얼음이 되었고 녹을 때는 끝도 없는 진창을 만들어냈다. 집의 유리창에는 겨우내 두꺼운 성에가 앉았다. 유리창의 성에는 처음에는 나뭇잎이나 눈꽃 모양의 아름다운 무늬를 그리다가 점점 두꺼워지면서 무늬가 겹치고 겹친 끝에 반투명의 얼음 더께가 되었다. 지독한 추위가 만들어내는 유리창의 얼음은 창틀 쪽은 두껍고 가운데는 얇았다. 밖은 전혀 안 보였고 그 상태는 11월부터 다음 해 3월까지 계속되어 우리는 겨우내 창밖을 내다볼 수가 없었다.

집 안의 목욕 시설이 엉성해서 사람들은 공중탕에 다녔다. 갈 때마다 내가 흥미롭게 바라본 것은 백계 러시아인과 일본 게이샤였다. 러시아인들은 영하 25℃의 추운 겨울인데도 반소매 여름 원피스를 입고 그 위에 모피 외투 하나만 걸치고 공중탕에 왔다. 그러나 머리에는 모자를 쓰고 발에는 두꺼운 방한화를 신었다.

게이샤들은 옷을 벗을 때 수도 없이 허리에 동여맨 끈을 풀어냈다. 그 솜씨가 굉장히 재빠르고 익숙해 보였다. 욕실에 들어가면 조그만 손대야에 물을 떠서 몸에 쫙쫙 끼얹고 탕에 들어갔다. 어떤 때는 몸에 구렁이 문신을 한 남자가 들어와 그녀들의 등을 밀어주기도 했다. 그녀들은 목욕을 마치고 나갈 때 목과 어깨에 하얀 크림 같은 분을 발랐다. 그것을 바르면 얼굴과 목의 경계선이 뚜렷이 드러났다. 나는 그녀들이 하는 일이 신기해서 넋을 놓은 채 바라보곤 했다.

여름에는 37~38℃의 더위가 한 달 반씩 줄기차게 계속되었다. 부연 먼지는 더위를 더욱 가중시키고 열기는 해가 떨어져도 가실 줄을 몰랐다. 그럴 때 어머니는 아무리 더워도 해가 떨어지면 서늘해지고 길어도 보름이면 끝나는 한국의 여름을 그리워했다.

중국 남자들은 웃통을 홀랑 벗고 바짓가랑이를 올릴 수 있는 데까지 둘둘 말아 올린 차림으로 길가 나무 그늘에 즐비하게 앉아 장기를 두거나 누워서 낮잠을 잤다. 그런 사람들 옆에는 땅에 깐 거적 위에 수박, 개구리참외, 토마토 등이 널려 있었다. 팔 물건들인데도 그것들은 언제나 먼지 범벅이었고 빙수 장수의 손에서는 땟

국물이 뚝뚝 흘렀다. 그들은 아침 일찍부터 나와 종일 길거리에서 살면서 손수레를 끌고 다니는 장사꾼에게서 콩국과 꽈배기를 아침밥으로 사 먹었다.

어머니의 비애는 현균의 죽음에 이어 삼녀 희균이 천연두에 걸리면서 절정에 달했다. 현균이 죽은 직후부터 어머니도 결핵 증세를 보이고 있었다. 결핵균이 어머니에게로 전염된 것이다. 때마침 셋째 희균이 태어났으나 결핵균에 감염될까 봐 젖을 먹일 수가 없었다. 어머니는 아는 사람을 통해 유모를 구해서 희균에게 젖을 먹이게 했다. 유난히 아기를 귀여워하는 어머니로서 이것은 차마 견디기 어려운 일이었으나 도리가 없었다. 유모는 서탑에 사는 한국 사람이었다. 그러나 아버지도 어머니도 그녀가 낳은 아이가 천연두를 앓고 있다는 사실을 알지 못했다. 유모는 그 사실을 감추고 희균에게 젖을 계속 먹이다가 병을 옮긴 것이다.

나는 희균이 발병했을 때의 모습을 기억한다. 고열에 들뜬 아기는 경기를 일으키고 어머니는 울면서 아기를 끌어안았다가 손발을 주물렀다가 코밑을 손가락으로 문질렀다 하기를 되풀이했다. 아버지의 친구 한경수韓京洙 박사가 밤중에 왕진을 온 결과 천연두에 걸린 것이 판명되었고 희균은 그 즉시 만철병원에 격리 수용되었다.

한경수는 교토제대 의학부를 나온 양심적인 의사로 우리 집에 자주 왕진을 오곤 했다. 그는 진찰하고 나면 함경도 사투리로 "멜하리."라고 버릇처럼 말했다. '무슨 일이 있으랴'는 의미인데 우리는 그 말을 들을 때마다 안심했다. 그러나 희균을 진찰한 후 그의 표정은 굳어졌다. 천연두는 법정전염병인 데다 당시만 해도 치사율이 상당히 높았다. 어머니는 자신의 병 때문에 희균과 함께 격리병동에 입원할 수가 없어서 유모를 대신 딸려 보냈다. 2주일 동안 고열에 떴던 아기는 간신히 고비를 넘겼다. 열이 조금씩 내려가면서 얼굴과 전신에 무섭게 피었던 발진에서 진물이 흐르면서 그것이 꾸들꾸들 말라 딱지가 앉기 시작했다.

병원에서는 아기가 가려워 딱지를 긁을까 봐 두 손에 솜 장갑을 끼워주었다. 딱지는 저절로 떨어지기 전에 미리 떼면 얽은 자리가 생기기 때문에 그것을 방지하기 위해서였다. 그러나 유모는 격리병동에 아기와 함께 오래 갇혀 있는 것이 답답하기만 했다.

그래서 의사와 어머니의 부탁을 무시하고 아기에게 젖을 먹이며 얼굴에 앉은 딱지를 하나씩 둘씩 다 뜯어냈다. 뜯은 자리는 움푹 우물이 파였고 아기의 얼굴에는 얽은 자리가 만들어졌다.

나는 아버지를 닮아 예쁘지 않았으나 현균도 희균도 어머니를 닮아 예뻤다. 그런 희균의 얼굴에 돌이킬 수 없는 흠집을 낸 유모를 원망하고 꾸짖어보아야 허사였다. 태어났을 때 유별나게 또랑또랑했던 희균은 중병을 앓고 난 뒤로 발음이 약간 불분명해지고 또랑또랑한 맛이 덜해졌다. 그래서 그런지 어머니는 언제나 희균에게 각별한 애정을 보였다.

만주는 어머니에게는 신혼살림을 시작한 곳이긴 했으나 행복보다는 고달픔이 더 많은 곳이었다. 아버지의 처음 사업도 여의치 않은 데다 식객은 들끓고 맏딸은 잃고 희균은 중병을 앓고 본인도 결핵에 시달렸기 때문이다. 어머니의 결핵은 처음에는 폐를 침범했다가 다음에는 목의 임파선을 공격하기 시작했다. 작은 밤톨 같은 붉은 알이 목걸이처럼 목의 앞부분에 줄줄이 불거져 나왔다. 나는 그 붉은 알들을 보고 왜 저런 것이 어머니의 목에 생겼을까 하고 의아해했다.

어머니는 병원에 다니면서 붉은 알을 하나하나 째어 고름을 짜내는 수술을 받았으나 결핵균 때문에 상처는 껍질만 살짝 아물고 속은 다시 곪아 가기를 되풀이했다. 그럴 때마다 어머니는 같은 자리를 다시 째는 수술을 받아야 했다.

첫아기를 잃고 셋째 딸이 천연두에 걸리는 고통을 당한 아버지는 아내마저 결핵성 임파선염에 걸리게 되자 무슨 짓을 해서라도 아내를 고쳐야겠다고 작정했다. 어머니에게 병원 치료를 받게 하는 한편 한국에 기별해서 상약常藥(민간요법으로 만든 약. -편집자)을 구하기 시작했다. 공학도인 아버지가 상약의 힘에 매달리려고 한 것은 그만큼 절박한 심정 때문이었을 것이다.

거기에는 그의 성장 과정에서 어른들이 하던 것을 보고 배운 영향도 있었겠으나 실제 경험도 그러한 결정을 촉진하는 역할을 했을 것이다. 희균이 태어났을 때 태열胎熱이 심해 머리에 부스럼이 많이 났다. 아무리 약을 발라도 낫지 않자 보다 못한 어머니가 집에 다니는 어떤 할머니에게 묘방이 없느냐고 물었다. 할머니는 고양이 위 주머니를 깨끗이 씻어서 모자처럼 아기 머리에 씌워 닷새만 두면 깨끗이 낳는다고 일러주었다. 어머니는 밑져야 본전이라고 생각하며 중국 약방에 가서 고양이 위 주머니를 사다가 희균의 머리에 씌웠다. 아기 머리에 밀착된 위 주머니가 말라 조여들기 시작하자 아기의 얼굴이 무섭게 부어올랐다.

아버지는 어느 날 집에 돌아와 부어오른 아기의 얼굴을 보고 깜짝 놀라 어머니를 꾸짖었다. "아이를 죽이려고 그러오? 당장 저것을 벗기시오." 어머니는 기한이 닷새인데 사흘밖에 안 된 상황에서 벗기기가 아쉬웠으나 아버지의 호통을 거역할 수가 없어 하는 수 없이 그것을 벗겼다.

고양이 위 주머니 속에서 나온 아기의 머리는 온통 새빨갰다. 미지근한 물에 아기 머리를 살살 씻겨주던 어머니는 깜짝 놀랐다. 종기가 말짱하게 나아 있던 것이다. 아기가 죽을까 봐 호통치던 아버지도 신기해했다. 이런 경험과 지푸라기라도 잡고 싶은 심정이 합쳐져서 아버지는 결핵에 특효라고 하는 뱀과 개구리를 구하기 위해 사람을 한국에 보냈다.

뱀은 풀을 겹겹이 넣은 큼직한 깡통에 잡아넣고 밀봉을 한 다음 뚜껑에다 구멍을 뚫어 사람이 들고 와야 했다. 뱀이 움직일 때마다 깡통 속에서는 '쏴아' 하고 비 오는 소리가 났다. 서울 혹은 수원에서 뱀이 든 깡통을 들고 봉천까지 오는 일은 때로는 김 서방이 맡고 때로는 어머니의 친정 조카가 맡았다.

뱀은 대개는 무사히 도착했으나 한번은 깡통에서 도망을 쳐 기차 안을 돌아다니는 바람에 소동이 난 일도 있었다. 청개구리도 산이나 들에서 잡아 오는 것들이었다. 전체 몸통 크기가 엄지 끝마디만한데 팔딱팔딱 뛰는 놈을 투명한 약 종이에 싸서 물과 함께 꿀꺽 삼키는 것이었다.

어머니는 아버지의 정성을 보아 뱀은 달여먹고 하루 한 번씩 개구리를 삼키는 고역을 치렀다. 약 종이에 싼 개구리는 삼키기엔 덩어리가 너무 큰 데다 산 것을 삼키자니 개구리가 가만히 있지를 않았다. 단번에 목으로 넘기는 데 실패해 구역질이라도 하면 개구리가 입 밖으로 튀어나와 이리저리 도망을 다녔다. 그러면 그것을 잡으러 다니는 것이 또 한바탕 큰일이었다. 겨우 삼키는 데 성공하더라도 식도가 뻐근한 느낌이 한참 동안 계속되었다.

속칭 연주창連珠瘡이라고 하는 어머니의 병은 아버지의 정성과 빈번한 수술, 상약과 어머니의 의지가 복합적인 효과를 냈는지 차츰 호전되더니 기적처럼 완쾌되었다. 어머니가 다니던 만철병원의 의사는 결핵균이 폐에서 내공하지 않고 밖으로 나와서 오히려 다행이었다고 설명했다. 어쨌든 치사율이 높은 결핵이라는 난치병에서 어머니는 여러 해 투병한 끝에 해방된 것이다.

요양을 하면서도 어머니는 손을 놀리지 않았다. 러시아인 가게에서 프랑스 자수실을 사다가 수를 놓아 테이블센터, 벽걸이들을 만들었다. 지금도 우리 집에는 그때 어머니가 만든 컷워크로 된 테이블센터와 풍경을 수놓은 벽걸이가 남아 있다. 벽걸이는 아담한 집과 그 앞의 길과 화단이 수놓아진 것으로 'The way to my house is not very far'라는 영문이 덧붙여졌다.

개성 외가에 다니러 갔을 때 동구 밖에서 찍은 어머니와 나.

외로운 타향살이를 달래는 수단으로 아버지와 어머니는 한 달에 한 번쯤 댄스홀에 갔다. 부부 동반으로 가는 것이 그 정도이고 아마 아버지는 혼자서 자주 간 것 같다. 나도 따라 가본 기억이 어렴풋이 나는데 넓은 홀의 한쪽 벽에 여자들이 죽 서 있고 얼음장처럼 미끄러운 바닥 위에서 춤추는 사람들을 알록달록한 조명등이 비추고 있었다.

당시 우리 집에는 외생外生이라는 이상한 이름의 댄서가 자주 놀러 오곤 했다. 아마 아버지 어머니가 댄스홀에서 만난 사람인 듯하다. 그녀는 눈이 푹 들어가고 광대뼈가 나온 얼굴에다 목소리가 남자처럼 굵었다. 웃으면 조금 뻐드러진 이가 드러나 호인다웠다. 그녀는 어떤 서양 남자와 살고 있었다. 우리 집에 오면 평소 먹지 못하는 김치와 밥을 정신없이 퍼먹고는 갈 때가 되면 이를 닦고 껌을 씹고 향수를 뿌리는 등 법석을 떨었다. 그렇게 해도 마늘 냄새는 없어지지 않고 피부의 땀구멍에서 배어 나온다고 남자가 불평한다며 그녀는 웃곤 했다.

아버지와 어머니가 봉천서 사귀던 사람들은 외생 외에 만주의대에 다니면서 신혼생활을 하고 있던 최충선崔忠善 박사와 그의 부인, 한국인을 상대로 병원을 하던 한경수 박사 부부, 백 목사 등 다양했다. 이 다양한 지인들은 타향살이의 산물이었다. 여러 사정으로 만주로 와서 살게 된 사람들끼리 서로 의지하는 마음에서 가까워진 것이었다.

아버지, 어머니와 친구들은 댄스홀에 함께 가는 것 외에 이따금 모여서 마작麻雀을 했다. 상아로 만든 마작패는 등이 연갈색이고 하얀 배에는 대나무 잎이나 꽃 같은 그림이 채색화로 그려져 있어 아주 예뻤다. 그런 패를 성벽처럼 쌓아놓고 이따금 패를 집어오기도 하고 던지기도 하며 노는 어른들은 즐거워 보였다. 그러나 놀이가 밤늦도록 계속되면 나는 구경하기도 싫증이 나 왜 저런 걸 하나 하고 원망스러워했다.

아버지는 점차 혁명에의 의지가 감소하고 가정생활에 순치되어 갔다. 나라를 위하고 노동계급을 위하고 독립운동가들을 위하려는 마음이 변한 것은 아니었으나 사노라면 그런 생각이 뒤로 물러나야 할 때가 많았다. 가족이 생긴 이상 가족을 외면할 수는 없었다. 상하이로 간 많은 독립투사들이 그러했듯이 아내나 아이들에게 혹독한 고통과 고생을 안겨주기에는 아버지는 너무 심약했다. 또 이 시점에 와서는 이데올로기에 대한 의혹도 깊어가고 있었다. 아버지는 후일 내게 혁명가로서 실패한 자신에 대해 자조적으로 말한 적이 있다. "혁명가는 아무나 되는 게 아니더라. 나는 기질은 혁명가이지만 체질이 그렇지가 못했어."

민청공사도 문을 닫고 현균도 죽은 뒤 아버지는 십간방에 널찍한 대지를 사서 고무공장을 시작했다. 주거도 공장 대지 안으로 옮겼다. 공장의 이름은 '삼창三昌고무공창工廠'이라 했고 주로 노동자를 위한 고무장화와 지카다비地下足袋라고 불리는 작업화를 생산했다. 혁명은 포기했으나 그래도 노동자를 위해 무언가를 하겠다는 생각이 아버지의 의식 속에 남아 있었다. 내가 어려서부터 '지카다비'라는 말에 익숙했던 것은 이 때문이다.

공장을 창설하자 도쿄 유학생으로 3·1운동에도 가담하고 관동대지진 때 한국인 학살 사건 진상조사단을 조직했다가 뜻을 이루지 못했던 최승만이 지배인으로 들어왔다. 아버지가 그를 봉천까지 오게 한 것은 일본 유학 시절 친구였다는 인연도 있었으나 그보다는 누이동생 애인의 사촌이었다는 사실이 더 강한 동기로 작용했다고 생각된다.

최승구가 예술가적 기질을 가진 재사였던 데 비해 최승만은 독실한 기독교 신자이며 성실하고 꼼꼼한 선비였다. 그는 서울에서 〈동아일보〉 기자로 일하던 중 손기정이 베를린 올림픽에서 마라톤으로 우승하자 사진을 보도하면서 가슴에 단 일장기 대신 태극기를 그려 넣은 사건에 연루되어 실직 상태에 있었다. 그런 그를 아버지는 봉천으로 불러들여 일을 맡기고 십간방 집에서 우리와 함께 살도록 한 것이다.

최승만은 결혼한 몸이었으나 우리 집에는 혼자 와 있었다. 그는 꼼꼼하고 꼬장꼬장한데 아버지는 대범하고 털털한 편이었다. 그래서 두 사람 사이에는 공장 경영을 둘러싸고 의견 대립이 잦았다. 후일 최승만은 아버지에 대해 이렇게 회고하고 있다.

공민의 성격은 급한 편으로 흥분이 심한 때에는 주먹까지 휘두르는 과격성도 있다. 그러나 시비판단이 빨라서 옳고 그른 것을 곧 발견함으로써 상대방의 견해를 잘 이해하는 식견이 있다고 하겠다. 퍽 솔직하여 기탄 없이 말하는 버릇이 있는 탓인지 남의 솔직성과 정직성을 좋아했던 것으로 알고 있다. 나와 공장 일로 종종 의견이 상충되어 격론에 이르기도 한두 번이 아니었으나 내 생각이 그르지 않다고 인정될 때에는 허허 웃고 마는 너그러운 성정도 엿보게 되곤 하였다. 뒤끝이 없다고 할까. 조그만 일을 가지고 마음에 오래 두지 않고 기억하려고 하지 않는, 얼른 잊는 성미가 아닌가 한다.

1938년경 봉천 북릉에서 한경수(좌), 최승만(우)과 나란히 선 아버지 나경석(가운데).

사실 최승만뿐 아니라 누가 보기에도 아버지의 경영법은 위태로운 데가 많았다. 중국 상인들은 신용이 철통같아서 외상으로 물건을 가지고 가면 지불 약속 기일을 어김없이 지켰다. 그러나 한국인들은 지불 기한이 넘어도 일언반구 해명조차 없이 시일을 무한정 끄는 사람이 많았다. 그래서 최승만은 대금을 지불하지 않는 곳에는 물건을 다시 보내지 말자고 주장했으나 아버지는 사람들이 궁한 소리를 하며 사정하면 거절을 못했다. 또 그는 남의 말을 어린애처럼 믿는 버릇이 있어 쉽게 속아 넘어갔다.

아버지는 여자들과 노는 일을 감추는 데에도 서툴렀다. 그는 무슨 일 때문인지 일 년에 한두 번씩 오사카에 다녀왔다. 그럴 때는 어머니에게 선물을 사오곤 했는데 아버지의 짐 속에는 어머니 아닌 다른 여자들에게 줄 선물이 포함되는 일도 있었다.

어느 날 오사카에서 돌아온 아버지의 짐을 풀던 어머니는 종이에 아무렇게나 싼 꾸러미를 발견했다. 열어보니 분홍색 실크 슬립이었다. 어머니는 당연히 자신을 위해 사 온 것인 줄 알고 그것을 옷장에 넣었다. 얼마 후 아버지는 짐을 뒤지며 무엇을 열심히 찾는 눈치였다. 무엇을 찾느냐고 물어도 아니라는 말만 하면서 자꾸 찾는 눈치가 이상해 어머니는 이것을 찾느냐며 실크 슬립을 내주었다. 아버지는 멋쩍어하면서 허허 웃었다. 허허, 하는 웃음은 아버지의 버릇이었다. 무엇이 좀 못마땅할 때, 난처할 때, 멋쩍을 때, 아버지는 허허, 하고 웃는 버릇이 있었다. 그것은 더 이상 말이 필요 없는 무조건 항복의 소리요 해결책이었다. 이때에도 어머니는 그 웃음소리를 듣자 따질 마음이 없어져 버렸다. 후일 어머니는 내게 말했다. "그런 걸 들고 다니려면 좀 눈에 안 뜨이게 하든지…. 워낙 서툴고 어설픈 양반이라 언제나 꼬리가 잡히는 거야. 그런 것까지 내가 감추어드려야 할 판이었어."

아버지는 또한 어머니를 놓아둔 채 다른 여자들과 금강산에 놀러 가기도 했다. 나중에 숙명여자고등학교 교장이 된 문남식, 좌절한 여성작가 김명순金明淳, 장안의 유명한 기생 강명화姜明華 등도 이따금 동행했다. 그러나 이런 여행에 대해 아버지는 별로 숨기려고 하지 않았다. 오히려 그때 이야기를 해학을 섞어가며 우리에게 들려주곤 했다. 한번은 금강산에 간 일행 중에 기생 강명화가 끼어 있었다. 일행이 함께 여관에서 아침밥을 먹는데 옆자리에서 큰 소리로 이야기하는 남자가 있었다. 서울에서 강명화와 멋지게 놀았다는 이야기인데 강명화 본인이 바로 옆에 앉아 있는 것도 모르고 거짓말을 하더라는 것이다. 또 유명한 여성 음악가 윤심덕尹心悳의 이야기도 들은 적이 있다. 윤심덕은 아버지와도 가까이 지내는 사이여서 언젠가 함께 여행을 갔다. 여관에 들자 윤심덕은 아버지에게 같이 죽자고 했다. 아버지가 나는 조금도 죽을 생각이 없다며 거절하자 넥타이를 잡고 애원을 하더라는 것이다. 윤심덕은 그 후 김우진金祐鎭이라는 극작가와 기어코 정사情死를 하고 말았다.

봉천 공장에는 최승만 외에 로리라고 하는 중국인 지배인이 있었다. 그는 얼굴이 갸름하고 언제나 머리에 반들반들 기름을 칠한 채 정장을 하고 다녔다. 중국 상인을 상대할 때 그는 통역도 하고 아버지 대신 흥정도 했다. 복장 못지않게 인품도 매우 점잖은 신사여서 어머니는 늘 로리를 칭찬했다.

아버지의 공장은 장삿속으로만 하는 돈벌이 장소 같지가 않았다. 10대 남녀 직공들 중에는 아버지가 이사로 있던 직업학교에 다니는 학생들이 많았다. 그들이 모두 교복을 입고 다녀서 공장은 마치 무슨 학교처럼 보였다.

―――

십간방은 일본인 거주지역과 달리 나무도 공원도 없이 황량했다. 우리 집에서 나와 신시가를 향해 20미터쯤 걸어가면 오른쪽에 저탄장이 있었다. 담을 넓게 둘러친 저탄장 안엔 언제나 인적이 없고 석탄 더미만이 산처럼 쌓여 있을 뿐이었다.

그 건너편에는 중국인 공중변소가 있었다. 주차장처럼 50~60평쯤 되는 공터에 담을 두르고 거리를 향해 드나드는 문이 열려 있었다. 변소라지만 건물은 없고 그저 빈 땅일 뿐이었다. 학교에 갈 때 나는 달음질쳐서 그 앞을 지나곤 했다. 문 사이로 들여다보이는 넓은 공간은 온통 황금의 바다였고 풍겨오는 냄새는 숨이 막히게 지독했다. 겨울에는 황금 덩어리가 꽁꽁 얼어붙어 여기저기에 산봉우리를 이루고 봄이 되면 그것이 녹아 누런 물이 강처럼 길까지 흘러나왔다.

만주의 겨울은 혹독하여 동사하는 거지들이 많았다. 나는 등굣길에 수없이 동사자를 보곤 했다. 시에서 청소부가 나와 갈퀴로 시신을 리어카에 담아서 어디론가 실어갔다. 시신은 웬일인지 예외 없이 발가벗은 채였고 갈퀴로 끌어 올릴 때는 나무토막처럼 데그럭 소리가 났다.

그런 거리를 한참 걸어 전찻길을 건너면 거기서부터는 신시가였다. 신시가에는 가로수가 우거지고 말끔한 빌딩이 즐비하고 가게들도 많았다. 나와 동생 희균이 다니던 가모加茂 소학교는 큰 찻길의 맨 끝에 있었다. 우리 집에서 걸어가자면 아이들 걸음으로 20분쯤 걸렸다. 십간방과는 달리 이 찻길을 걷는 일은 재미있었다. 뚱뚱한 백계 러시아 여인이 유모차에 아기를 싣고 가거나 대낮부터 목에 새하얗게 분칠을 한 일본 기생이 안짱걸음으로 게다를 딸

그락거리며 걸어가기도 했다. 차도에는 2륜 마차가 신나게 말굽 소리를 내며 달리고 그 사이로 인력거가 누비듯 달려갔다. 인력거 꾼은 바짓가랑이를 무릎 밑까지 걷어붙이고 목엔 수건을 두르고 있다가 땀이 나면 달리면서 얼굴을 닦아냈다.

―――――

어머니는 손재주가 많아 아이들 옷을 손수 만들고 겨울에는 스웨터뿐 아니라 레깅스까지도 짜 입혔다. 기후가 추워서 털실로 짠 레깅스는 여자아이들에겐 필수품이었다.

어머니는 타고난 미모에다 미적 감각이 뛰어난 멋쟁이였다. 어머니가 짜는 스웨터는 예를 들어 노란 바탕에 등을 웅크린 검은 고양이가 가슴판 가득히 그려져 있는 식으로 특이한 것이 많았다. 멋진 디자인임에 틀림없었으나 어린 나는 눈에 뜨이는 그런 것이 아니라 다른 아이들이 입는 평범한 스웨터가 입고 싶다고 몰래 생각하곤 했다.

어머니는 처녀 시절에는 부엌에 들어가본 일도 없었다. 부유한 가정이면 하인이 모든 일을 하므로 주인집 작은아씨들은 그럴 필요가 없었던 것이다. 그래서 요리를 배운 일도 없고 김치를 담근 일도 없었다. 그러나 워낙 눈썰미가 있어서 먹어본 음식을 대충 만들면 모든 사람이 감탄할 만큼 맛이 있었다. 그중에서도 가장 뛰어난 것은 어머니가 만든 김치였다.

만주에는 한국과 똑같은 재료가 없었다. 예를 들어 무와 배추는

봉천 집 앞에서 이웃 동무들과 함께. 오른쪽에 선 아이가 나, 나영균이다.

있어도 김치에 들어가는 조기젓, 새우젓 같은 것은 구할 수가 없었다. 어머니는 젓갈 대신 연어를 사다가 끓여서 김칫국물을 만들어 부었다. 창의성이랄까, 임기응변적인 융통성이 그녀에게는 있었다. 개성식으로 담그는 쌈김치는 잘 익으면 사이다처럼 찡하는 시원한 맛이 났다. 아버지를 아는 어느 일본인 고관은 어머니의 김치를 먹어보고 "서울의 국일관 김치보다 훨씬 맛있다."라며 감탄했다고 한다.

봉천에는 당시 러시아의 혁명을 피해 이주해온 백계 러시아인들이 꽤 많이 살고 있었고 근교에는 러시아인 묘지가 있었다. 부활절에는 그리스정교회 신부와 신자들이 꽃다발을 들고 묘지에 참배하는 모습이 보였다.

러시아인들은 양장점이나 과자점을 경영하면서 생계를 꾸려나가고 있었다. 어머니는 우리를 이따금 '바이칼'이라고 하는 러시아인 과자점에 데리고 가서 아이스크림과 빵을 사주었다. 그 집 아이스크림같이 맛있는 아이스크림을 나는 다시는 먹어보지 못했다. 그곳에서는 팔찌같이 생긴, 프레첼 비슷한 과자와 큐피드 모양의 캔디도 팔았다. 일본인들이 '큐피 아메'라고 부르는 그 캔디는 아기 큐피드 모양을 한 껍질 속에 싸각싸각 씹히는 달콤한 속이 들어 있었는데 먹으면 혀가 꼬부라지게 맛이 있었다.

어머니는 또한 러시아 여자가 하는 양장점에 가서 양복을 맞추어 입었다. 그것은 아버지의 여성미에 대한 취향도 다분히 반영된 행동이었다. 당시 일본 여자들은 일본 옷을, 한국 여자들은 한복을 입는 것이 보통이었으나 어머니는 대담하게 단발을 하고 러시아인이 만든 본격적인 양복을 즐겨 입고 하이힐을 신고 다녔다. 나는 이따금 가봉하러 가는 어머니를 따라갔다.

'바이칼' 근처의 러시아인들이 사는 거리에는 그들이 지은 유럽식 건물이 늘어서 있었다. 보통 아래층은 가게로 차려놓고 2층은 주택인데 가봉은 주택으로 올라가서 하는 일이 많았다. 그래서 나는 그들의 집 내부를 볼 기회가 있었다. 묵직한 커튼이 드리운 침침한 방에는 큼직한 가구들이 비좁게 놓여 있고 생소한 서양인 특유의 냄새가 공중에 떠돌았다. 가슴이 유난히 큰 러시아 여인이 입에 가봉 핀을 가득 물고 어머니를 이리저리 돌리면서 양복에 핀을

꽂아갔다. 나는 멋쟁이 어머니가 은근히 자랑스러웠다.

가모 소학교는 일본인 학교였으나 한국인과 러시아인이 약간씩 다니고 있었다. 한양대학교 교수로 있던 시인 신동춘은 희균 반에 있었고 우리 반에는 리자 포포와라는 러시아 소녀가 있었다. 나이가 우리와 같았으나 키가 어른만큼 커서 아이들과 잘 섞이지 못하고 점심시간이면 기름종이에 싼 샌드위치를 혼자서 꺼내 먹곤 했다. 그밖에 '보꾸상'이라고 하는 한국 여학생이 있었으나 그 애도 늘 외톨이로 지냈다.

일본인 선생들은 민족적 편견이 있는 사람도 있고 없는 사람도 있었다. 나는 선생들의 편견을 직감적으로 감지했다. 2학년 때 담임은 하야시라는 선생이었는데 그는 전혀 차별하지 않고 나를 대해주었다. 그러나 6학년 때 담임인 하시모토 교사는 그렇지가 않았다. 내놓고 어떻게 하는 것은 아니나 말이나 태도의 단면이 씁쓸한 뒷맛을 남길 때가 있었다.

친구들에게서는 어떤 차별도 느끼지 않았다. 일본 이름을 쓰지 않았으므로 그들은 분명 내가 일본인이 아님을 알고 있었을 것이다. 그러나 놀랍게도 아무도 내색을 하거나 나를 따돌리거나 하는 일 없이 그들은 나를 '에이짱'이라고 부르며 함께 놀아주었다.

내가 가모 소학교를 졸업하던 해에 아버지는 공장을 판 뒤 온 가족을 이끌고 서울로 이사했다. 그는 내게 이렇게 말했다. "너는 한국 사람이니까 중학 교육부터는 한국에서 받아라." 다른 급우들과 함께 가모 소학교 근처에 있는 나니와浪速 여학교로 진학하겠거니 생각하던 나는 아버지의 말에 놀라기도 하고 친구들과 헤어지는 것이 섭섭하기도 했다.

아버지는 고무공장을 하면서 처음에는 고전을 면치 못했으나 좋은 물건을 염가로 팔며 점차 중국인들 사이에 신용을 얻어 나중에는 상당한 재산을 모았다. 여전히 공장 안의 살벌한 집에서 살았으나 아마도 이때가 아버지로서는 가장 순탄한 시기였다고 생각된다. 남자 동생 상균尙均과 막내 여동생 정균貞均이 태어난 것도 이 집에서였다.

그러한 봉천 생활을 청산하고 서울로 이사하는 데에는 상당한 결심이 필요했을 것이다. 그러나 어엿한 한국인으로 아이들을 키우기 위해서는 꼭 필요한 결단이라고 그는 생각했다.

8장

나혜석, 시대를 앞서간 여인

아 버지와 어머니가 봉천에서 사는 동안 고모 나혜석은 화가로 혹은 작가로 일신에 화려한 각광을 받으며 활약하고 있었다. 그녀가 특별히 사회의 관심을 모은 데에는 몇 가지 이유가 있었다.

그녀는 우리나라 최초 여성 서양화가, 그것도 높은 예술성을 지닌 화가였고 그림뿐 아니라 글재주도 뛰어나 시, 수필, 소설을 써서 널리 인정을 받았다. 또 그러한 재능을 더욱 돋보이게 할 만큼 우수한 사고력과 진보적인 사상의 소유자였고, 여기에 보태어 여성적인 매력과 인간적인 매력을 모두 겸비한 사람이었다.

고모의 사상은 철저하게 자유주의적이었으며 여성해방론에 관해서는 지금의 여성학자들을 능가할 만큼 대담하고 급진적인 글을 서슴없이 써냈다. 그녀의 기본 사상에는 버지니아 울프가 〈집 안의 천사〉라는 글에서 표현한 여성해방 사상과 흡사한 점이 많다.

울프는 여성들이 사회가 여성에게 덮어씌운 가짜 본성 '집 안의 천사'를 죽이고 여성 본연의 본성을 찾아야 한다고 주장한다. 사회적으로 자신에게 덮어 씌워진 현모양처의 탈을 벗어버리고 솔직하게 자기의 근원적인 욕망을 인식하고 표현해야 한다고 그녀는 말한다.

고모가 그러한 울프의 글을 읽었는지는 알 수 없다. 그러나 고모의 글은 놀랍게 울프의 사상과 비슷한 점이 많다. 고모는 〈이상적 부인〉이라는 글에서 전통적인 여성상은 남성이 자기들에게 유리하게 만든 허상이라고 비판하고 있다.

> 습관에 의하야 도덕상 부인, 즉 자기의 세속적 본분만 완수함을 이상이라 할 수 없도다. 일보를 갱진更進하야 그 이상의 준비가 없으면 아니 될 줄로 생각하는 바요 단순히 현모양처라 하야 이상을 정함도 필취必取할 바 아닌가 하노라. 다만 이를 주장하는 자는 현재 교육가의 상매적商買的 일호책一好策이 아닌가 하노라. 남자는 남편이요 아버지라. 양부현부良夫賢父의 교육법은 아직도 듣지 못하였으니 다만 여자에 한하야 부석물 된 교육주의라. (…) 또 부인의 온량유순溫良柔順으로만 이상이라 함도 필취할 바가 아닌가 하노니 말하자면 여자를 노예로 만들기 위하여 이런 주의主義로 부덕의 장려가 필요하였었도다.

전통 사회가 내세우는 허상을 이상으로 착각하고 추구하던 여자들은 사리판단 능력마저 상실하고 한낱 생리적 존재로 전락하고 말았다. 이런 처지에서 장차 여자는 어떻게 해야 옳은가 하는 문제에 대해 고모는 여성이 우선 지식과 기예를 갖추어야 사리판단을 제대로 하고 자각 있는 개성으로서 현대를 이해하고 사상 지

시대를 앞서 살다간 나의 고모 나혜석.

식을 갖춘 선각자가 될 수 있다고 말했다. 그러니까 이상적 부인이란 남자들이 만들어준 틀에 맞는 여자가 아니라 자신의 생각과 목적의식을 가진 여자라는 것이었다.

고모가 여성을 위해 주장한 것은 그러나 남성을 향한 공격적인 비난이 아니라 남녀 간 조화의 추구요 삶의 충족이었다. 그녀는 "부인 해방의 본질은 관계를 끊어버리는 것이 아니라 그 생명을 풍부히 하며 충분히 발휘함이라."라고 했다. 현재의 페미니즘은 공격적인 파와 온건파로 갈리고 있지만 고모를 굳이 분류한다면 후자에 속한다고 하겠다.

고모는 여성이 인간답게 살기 위해서는 교육과 사회개혁을 해야 한다고 주장했다. 울프가 남녀가 평등하게 교육의 기회를 누려야 한다고 주장했듯이 고모도 여자는 우선 인간으로서 교육을 받을 권리가 있다고 했다. 교육이란 천부의 생명을 발육함이며 이 발육이 없이는 완전한 천성의 기본적인 해방을 바랄 수 없다고 보았다. 그녀는 또한 여성해방을 위해 사회제도를 개혁할 것을 주장했다. 강제와 권력에 기본한 모든 제도는 각성한 여자에게는 일대 고통이며 성장의 방해라고 그녀는 단언했다. 이런 사상은 1920년대의 여성으로는 매우 급진적인 것이었다.

아버지는 고모의 발랄한 재기와 예술적 기질을 깊이 사랑했고 자랑으로 여겼다. 그녀의 재능을 살리기 위해 할아버지를 설득하여 일본 유학을 가게 한 것도 그 때문이었다. 할아버지는 양자를 보낸 장자 홍석을 와세다대학에 보내고 집에 남은 외아들 경석을 도쿄고공에 보냈으면 그것으로 족하다고 생각했으나 결국 아버지의 설득에 꺾여 밑의 두 딸 혜석과 지석까지 모두 도쿄로 보냈다. 지석은 도쿄에서 음악 공부를 시작했으나 학교를 중퇴하고 어느 평안도 부자와 결혼했다.

그러나 혜석은 무사히 일본여자미술학교에서 학업을 마치고 당당한 화가가 되어 돌아왔다. 그녀가 한국으로 돌아와 누리게 된 명성을 아버지는 누구보다도 기뻐했고 그럴수록 고모에 대한 기대도 함께 커갔다. 고모의 성공은 좌절된 아버지 자신의 민중운동을 간접적으로 보상해주는 면도 없지 않았다.

한국 최초의 서양화가 고희동의 〈자화상〉(1915년 작).

고모는 작품 활동에 관한 한 누구에게도 뒤지지 않을 만큼 부지런했다. 그녀는 1921년 4월에 한국 유화의 일인자 고희동과 나란히 제1회 서화협회전에 출품했다. 서양화가 한국에 처음 소개된 것은 청나라에 와 있던 서양화가에 의해서였다. 그 후 1898년 종현鐘峴에 세워진 천주교당(현재의 명동성당. -편집자) 벽에 네덜란드인 보슈 하이로니무스Bosch Hieronymus가 종교화를 그려 그것이 우리나라에서 그려진 최초의 서양화가 되었다.

한국의 서예계는 서양화의 도래를 달가워하지 않았다. 선비의 정신과 기상을 일필휘지一筆揮之로 그려내는 서도와 문인화에 대한 긍지, 그리고 동양화에 비하면 물감을 덧칠하는 서양화는 열등하다는 고집과 편견이 팽배해 있었다. 그래서 초기의 서양화가들은 되도록 동양화가들의 비위를 거스르지 않으려 애썼다. 또 그들이 조직한 모임 역시 서도와는 관계가 없는데도 불구하고 처음에는 서화협회라는 조심스러운 명칭을 사용했다.

고모 나혜석은 이런 풍토 속에도 아랑곳하지 않고 자신의 그림에만 몰두했다. 그녀는 서양화에 대해 확고한 일가견이 서 있었다. "우리는 이미 서양류의 그림을 흉내 낼 때가 아니요 다만 서양의 화구와 붓을 사용하고 서양의 캔버스를 사용함으로 그 묘법이라든지 향토라든지 국민성을 통한 개성의 표현은 순연純然한 서양의 풍과는 반드시 달라야 할 조선 특수의 표현력을 가지지 아니하면 안 될 것이다."

1922년 제1회 조선미술전람회가 열리자 그녀는 〈봄〉과 〈농가〉를 출품했다. 1923년 남편 김우영이 안동현의 부영사로 부임한 뒤 생활은 정신없을 만큼 바빴다. 외교관 부인으로서 사교도 해야 하고 살림도 해야 하고 아이도 낳아 키워야 하고 부영사의 비호를 목표로 수시로 찾아드는 독립운동가들을 위해 민첩하게 처리도 해야 했다. 그러나 바쁠수록 그녀의 의욕은 오히려 왕성해지는 듯했다.

고모는 슬하에 딸 하나와 아들 셋을 두었으나 큰아들은 어려서 병사하고 3남매를 키웠다. 딸 김나열金羅悅은 후일 미국 유학을 갔다가 그곳에서 만난 엔지니어 김창수金昌洙와 결혼하여 그곳에 정착했고 둘째 아들 진辰은 미국에서 법학을 공부하고 돌아와 서울

대학교 법대 교수를 지내다가 1960년대에 미국으로 이민 갔다. 막내아들 건建은 한국은행 총재, 은행감독원 원장을 역임했다.

―――――

김우영의 안동 부영사 임기가 끝나자 일본 외무성은 벽지 근무를 마친 그에게 위로 출장의 명목으로 구미 시찰 여행을 보내주기로 했다. 시베리아 철도로 러시아를 횡단해 유럽으로 가서 독일, 프랑스, 영국, 이탈리아를 돈 뒤 미국을 거쳐 귀국하는 여정으로 기한은 16개월이었다. 그러지 않아도 고모는 사생을 위해 여행하기를 좋아하는 터였다. 사생이 아니더라도 여행은 언제나 즐거웠고 얻는 바도 많았다.

더욱이 미술학도로서 이탈리아와 프랑스에 간다는 것은 가슴 설레는 일이 아닐 수 없었다. 그녀는 '젊으나 젊었을 때, 희로애락의 감정이 칼날 같을 때, 보고 듣는 것마다 시요 음악이요 미술이요 할 때, 물 끓듯 하는 가지각색 감상이 사상이 되고 예언이 되고 철언哲言으로 될 때, 오직 그러한 때, 꿋꿋한 다리로 몇십 리씩 돌아다니며 허리끈을 졸라매면서 가로 뛰고 세로 뛰며 형형색색形形色色 구경할 때' 여행을 해야 한다고 믿고 있었다. 다만 유럽 여행은 쉽게 갈 수 있는 것이 아니어서 감히 바라지도 않았던 터에 뜻밖에 가만히 앉아 소원 성취를 하게 된 셈이었다.

김우영 부부는 여행을 떠나기에 앞서 서울의 집을 정리하고 고향인 동래東萊로 내려갔다. 나이든 홀어머니와 시집갔다가 돌아온 시누이가 있는 집에서 고모 일가는 2~3개월 북적대는 생활을 했다. 그러는 사이에도 고모는 〈봄의 오후〉를 그려 5월에 열린 선전鮮展에 출품, 입선했다. 그리고 나서 부부는 3남매를 할머니에게 맡기고 세계 일주 길에 올랐다. 1927년 6월 19일이었다.

고모는 동경하던 이탈리아와 프랑스로 가게 되어 가슴이 부풀었으나 한편으로 심정은 착잡했다. '환경이 결코 간단한 것이 아니'었기 때문이다. 막내 건이는 아직 태어나지 않았으나 젖먹이 진이까지 세 아이가 있었고 '오늘이 어떨지 내일이 어떨지 모를 70 노모가' 있었던 것이다.

북행열차로 떠난 그들은 서울, 안동현을 거쳐 봉천으로 와 우리 집에서 며칠을 쉬었다. 안동현 역에는 80여 명의 한국인이 마중나와 있었다. 김우영이 재직시 총독부와 만철에 교섭하여 한국인을 위해 금융기관을 만들고 또 곤경에 빠진 한국인 학교 운영에도 많은 도움을 주었던 공을 고맙게 생각한 사람들이었다.

봉천에서 그들은 다시 장춘을 향해 떠났다. 건축 양식에 보이는 러시아의 영향은 장춘으로부터 차츰 그 색채가 짙어져 하얼빈에서는 벌써 유럽에 들어선 듯한 느낌마저 들었다. 전부터 이곳에는 혁명 후 숙청 바람을 피해온 백계 러시아인들이 많이 살고 있었다. 고모는 여행 중에도 러시아 여자들의 생활양식을 유심히 살폈다. 러시아 여자들은 식생활이 간소해서 시간의 여유가 많아 저녁이면 음악회나 영화관, 연극장 구경을 자주 다니는 것이 눈에 띄었다. 그것을 보고 고모는 '조선 부녀생활을 급선무로 개량할 필요가

봉천에서 생활할 당시의 나혜석·김우영 부부. 앞줄 가운데 아이를 안고 있는 이가 나혜석, 뒷줄 왼쪽에서 네 번째가 김우영이다.

있다'고 절감했다.

그들은 다시 기차를 타고 소만국경蘇滿國境을 넘어 시베리아를 달리기 시작했다. 만주리滿洲里서부터의 동행은 제네바에서 있을 군축회의에 참석하러 가는 일본 중의원 의원, 참의원 의원, 공학박사, 흑해에 빠진 군함 속에 있다는 금궤를 캐러 가는 일행 9명을 비롯하여 대학교수 내외, 의학 박사 내외, 독일 유학을 가는 중국인, 옥스퍼드대학교로 가는 한국인 부부 등이었다.

기차는 여러 날 걸려 치타, 크라스노야르스크, 노보시비르스크, 옴스크를 거쳐 혁명 때 비명에 간 니콜라이 2세의 일가가 묻혀 있는 스베르들로프스크를 지나고 드디어 모스크바에 도착했다.

오랜 기차 여행 끝에 지상에 내려서니 심신이 상쾌했다. 러시아를 기차로 통과하는 여객에 대해서는 별다른 통제가 없었으나 하루라도 그곳에 체재할 경우 집행위원회 외국 여권과에 들러 숙박권을 받아야 했다.

고모와 고모부는 외교관의 특권으로 숙박권을 쉽게 얻어냈다. 그리고 모스크바에 사흘간 체류하면서 관광을 했다. 혁명 후였으나 관광객이 다니는 데에는 별 지장이 없었다. 고모는 푸시킨 미술관, 트레차코프 미술관, 근대 러시아 미술관, 모로조프 박물관, 혁명 박물관 등을 보러 다녔다. 그곳들은 하나같이 최고 수준의 미술품을 소장한 보고였다. 당시 고모가 쓴 모스크바 묘사는 익살스러우면서도 사실적이다.

시가지 어느 교회당 정문에는 '종교는 아편'이라고 써 붙였다. 군중은 그것을 보면서 그 뒤에 있는 교회당에 들어가 절을 하고 나온다.
모스크바 시가는 너절하다. 그리고 무슨 폭풍우나 지나간 듯 (…) 사람들은 모두 실컷 매 맞은 것 같이 늘씬하고 아무려면 어떠랴 하는 염세적 기분이 보인다. 남자들은 와이셔츠 바람으로 다니고 여자들은 모자를 쓰지 않고 발 벗고 다닌다.

고모 내외는 폴란드를 거쳐 7월 27일 스위스 제네바에 도착했다. 제네바에는 군축회의에 참석하기 위해 일본 전권대사 일행 60여 명이 와 있어 거리에는 동양인들이 많이 눈에 띄었다.
때마침 영친왕과 왕비도 유럽 유람 중 스위스에 들렀다. 그곳에

와 있던 조선 총독 사이토는 영친왕 내외를 위해 만찬을 마련했다. 군축회의 참석차 방문한 각국의 수석, 차석, 전권대사 등을 위시하여 일본의 대표들이 초대되었고 고모와 고모부도 그 자리에 초대받았다. 그리고 다음 날 고모와 고모부는 영친왕에게서 식사 초대를 받았다. 식사 후 영친왕은 친히 고모에게 그림을 그려줄 수 있겠느냐고 물어 고모를 황송하게 만들었다.

이튿날 고모 일행은 군축회의장에 방청객으로 참석했다. 항간에는 회의가 결렬되리라는 소문이 파다하게 퍼지고 일반의 공기는 긴장되어 있었다.

회장은 어느 호텔의 식당이었으며 방청객들로 입추의 여지가 없었다. 미국, 영국, 아일랜드, 일본의 대표들이 나와 연설하고 통역을 했으나 결국 회담은 소문대로 결렬되고 말았다.

군축회의라는 역사의 현장을 직접 본 고모 내외는 드디어 파리에 도착했다. 고모는 관광을 다닐 생각보다는 그림을 배우기 위해 숙소를 정하고 프랑스어를 배우고 싶은 마음으로 들떴다.

파리에 여장을 풀자마자 그들은 또다시 벨기에와 네덜란드를 향해 떠나갔다. 네덜란드의 헤이그는 1907년 이준李儁이 만국평화회의에 한국 독립을 호소하는 고종의 밀서를 가지고 갔다가 입장마저 저지당하자 현장에서 자결한 한이 서려 있는 곳이다.

고모는 이준의 묘지를 찾으려 했으나 아는 이가 없어 뜻을 이루지 못했다. 그러나 '이상한 고동이 생기며 그의 고혼孤魂이 있어 우리를 만나 함루含淚하는 것 같은 감'을 느끼며 그곳을 하직했다.

일본 관리를 지낸 남편과 일본 정부의 돈으로 호화여행을 하고 일본인 총독이나 군축회의 대표들과 만찬을 함께 하면서도 고모는 나라를 위해 몸 바친 사람들을 생각하고 눈물짓는 심정을 잊지 않았다. 자가당착적인 그녀의 이러한 행동은 당시를 산 사람들의 어쩔 수 없는 생존 조건이기도 했다. 또 그것은 일본과 한국 사이에서 살아야 하는 우리의 숙명을 암시하는 것이기도 했다.

―――

네덜란드 여행을 마친 뒤 김우영은 자기 전공인 법학을 연구하기 위해 베를린에 체류하고 고모는 파리에 거처를 정했다. 그녀는 한국에 호감을 보이며 약소국민회 부회장을 하는 수왈레 씨의 집에 기거하게 되었다.

수왈레 부인은 가정에도 충실한 주부인 동시에 여성 참정권 운동을 하는 활동가이기도 했다. 그들 부부에게는 18세와 16세 된 딸과 7세가 된 아들이 있었다. 가족관계는 매우 다정하고 친밀하여 저녁 식사 때는 모두 식탁에 둘러앉아 그날 있었던 일을 서로 이야기하는 즐거운 분위기가 가정생활의 진미를 그대로 반영하는 것 같았다.

그런 광경을 볼 때마다 고모는 집안일, 아이를 기르는 일, 시집 식구를 섬기는 일에 골몰하느라 자아를 완전히 말살당하고 사는 한국의 여성을 상기하지 않을 수 없었다. 같은 여성으로서 그들의 생활은 너무나 달랐다. 그녀들은 물리적이고 생리적인 생존의 차원을 넘어 정신적이고 영적인 영역에 들어가 사는 것 같았다. 한국 여성으로서는 특권 중의 특권을 누리고 있는 고모였으나 그래도 서양 여자에 비하면 너무나 얽매이고 부자유스러운 점이 많았다.

고모는 문화의 깊은 골을 메우는 유일한 방도로 그림에 몰두했다. 날마다 비시에르라는 화가가 지도하는 미술연구소에 나가 온종일 그림과 씨름했다. 그녀의 의욕과 집중력은 대단했다. 그녀는 그리는 한편 틈나는 대로 보러 다녔다. 허용된 8개월의 파리 체재 기간은 너무나 짧았다. 보아야 할 것도 너무 많고, 알아야 할 것도 너무 많고, 해야 할 일도 너무 많았다. 또 아름다운 파리에 살면서 감성은 극도로 예민해져 갔다.

남편과 떨어져 지내는 것은 그림 공부를 위해서는 편리했으나 하숙집 주인 내외의 다정한 모습이나 거리에서 목격하는 연인들의 애정 표현은 다감한 고모에게 때로 괴로운 자극이었다.

이럴 때 고모 앞에 나타난 사람이 고우古友 최린이었다. 최린은 천도교의 간부이며 3·1운동 때 천도교 대표로 독립선언서에 서명한 33인 중 한 사람이다. 고모와는 유학 시절 도쿄서 알게 되었고 3·1운동 때도 뜻을 같이하여 함께 일한 사이였다.

최린은 1926년 9월 미국으로 건너갔다가 1927년 10월 말에 파리로 왔다. 고모는 평소 그를 존경하고 있던 터라 반갑게 맞았고 파리 생활에 일일지장一日之長이 있는 선배 격으로 그를 안내해주었다. 처음에는 통역을 데리고 다녔으나 나중에는 둘만 다니는 일이 많아졌다.

고모 나혜석이 남편과 떨어져 생활했던 파리를 그린 〈파리 풍경〉(1927년).

 최린은 예술가 기질이 있는 재사였다. 몸매는 깡마르고 얼굴도 갸름하며 말 잘 하고 글 잘 쓰고 어떤 화제든 막히는 일이 없었다. 서도와 묵화에도 상당한 소양이 있었다. 고모가 최린에게서 본 것은 죽은 애인 최승구의 모습이었다.
 6년 동안이나 정성으로 구혼한 그 끈기에 감동하여 결혼한 김우영은 호인이지만 고모의 말에 의하면 '취미라고는 전혀 없는' 사람이었다. 남부러울 것 없는 결혼생활을 하면서도 고모는 만나면 깨가 쏟아지게 재미있고 멋이 있던 최승구와의 추억을 완전히 지워버리지 못하고 있었다. 객지에서 만나는 동향인은 유난히 반가운 법이다. 특히 공통의 관심사, 공통의 화제로 의기가 투합하면 거기서 우러나는 친밀감은 각별하다. 더욱이 최승구를 연상시키는 최린을 낭만의 예술 도시 파리에서 만났을 때 고모는 엄습해오는 노스탤지어를 누르지 못했다. 두 사람은 급속도로 가까워졌다.

　최린이 이때 고모에게 어느 정도로 진지한 감정을 품었는지는 분명치 않다. 나중엔 어찌 되었든 당장에는 그도 감정적으로 상당히 경도되었던 듯하다. 고모에게는 다른 한국 여성에게서 보기 드문 발랄함과 재기가 넘쳤다. 그러나 그것은 어디까지나 어른들의 감정 유희였다. 고모도 최린에게 빠져든 것이 사실이지만 그렇다고 모든 것을 다 내던지겠다는 생각은 전혀 없었다.

　최린의 귀국을 앞두고 독일 쾰른에서 다시 만났을 때 고모는 그에게 이런 말을 했다. "나는 공을 사랑합니다. 그러나 내 남편과 이혼은 아니 하렵니다." 최린도 고모의 등을 툭툭 두드리며 "과연 당신이 할 말이요. 나는 그 말에 만족하오."라고 대답했다.

　고모는 이러한 감정적 모험이 오히려 남편에 대한 정을 두텁게 해주리라 생각했다고 한다. 유럽의 일반 부부 사이에서 이러한 공공연한 비밀은 다반사이며 '남편이나 아내를 어찌하지 않는 범위 내의 행동은 죄도 아니요 실수도 아니며 진보된 사람에게 마땅히 있어야 할 감정'이라고 그녀는 생각했다.

　비밀이 판명될 때에는 웃어넘기는 것이 수요, 일부러 문제 삼을 필요가 없다는 것이 그녀의 생각이었다. 이러한 생각은 그러나 그녀 혼자만의 것이지 남편이나 시집 식구 혹은 사회 일반의 생각은 결코 아니었다. 고모는 고루한 사회가 기성 도덕의 규범을 벗어난 행동에 대해 얼마나 무서운 제재를 가해올 것인지를 미처 감지하지 못했다. 죄가 있는 자나 없는 자나 고모에게 돌을 던지는 데 주저하지 않았다.

남녀가 같은 일을 저질렀어도 남자는 약간의 구설수만 겪고 지나갈 수 있는 데 비해 여자는 온갖 비난과 모욕과 욕설을 감당해야 하고 끝내는 사회적 매장이라는 형벌이 기다리고 있다는 가혹한 사실을 고모가 전혀 예측 못한 것은 아니겠으나 그렇다고 그것을 실감하지도 못했던 것 같다. 그만큼 고모는 남의 이목을 의식할 줄 몰랐다. 그저 자기감정에만 정직하며 그것을 남편이나 주변 사람들도 받아주려니 믿어 의심하지 않았다.

한국 남성들은 어려서부터 여성을 대하는 범절을 배울 때 여성을 두 가지로 분류했다. 하나는 어머니요, 또 하나는 기생이다. 어머니를 대할 때 아들은 절대적인 사랑에 싸여 모든 것을 믿고 맡긴다. 어머니를 향한 응석, 신뢰, 사랑은 그의 내면의 대부분을 차지한다고 해도 과언이 아니다. 그렇게 자란 남성은 장성하여 결혼한 뒤에도 아내 대하기를 이성으로서가 아니라 모성으로 대한다. 여자는 결혼하면서 남편이 아니라 아들을 얻는 것이다.

과거 한국의 아버지들은 아들이 일정 나이가 되면 기생집으로 데려가 술좌석을 마련하고 여자들과 노는 법을 가르쳤다. 그러나 그것은 어디까지나 직업적인 여성과 노는 법이지 여염집 여성을 대하는 법은 아니었다. 그런 악습은 오래전에 사라졌지만 한국 남성들은 직장 내 여성 동료가 많아진 지금까지도 가족 아닌 여성을 대하는 데 서툴다. 지나치게 쩔쩔매지 않으면 능숙한 척하면서 무례한 언행을 일삼는다.

유럽에서 돌아왔을 때 혹은 돌아오기 전부터 남편 김우영은 고모와 최린의 일을 눈치채고 있었다. 이런 일이라면 눈에 불을 켜고 덤비는 수다스러운 험담꾼들이 가만히 있을 리가 없었다.

그러나 김우영은 그런 말을 듣고도 웃어넘기려고 했다. 그는 고모의 예술적 기질을 이해하고 있었고 또 결혼 당시의 약속도 있어 한 번의 실수는 보아 넘길 생각이었던 것 같다.

그는 고모에게 다짐을 받았다. "다시는 최린을 만나지 마시오. 이 약속은 반드시 지켜야 하오."

사건은 이것으로 일단락지어진 듯했다. 여행에서 돌아온 뒤 고모와 고모부는 동래로 내려갔다. 동래 집에는 시어머니와 시집갔다 돌아온 시누이가 아이들과 살고 있었고 고모와 고모부는 객식구처럼 그 틈에 얹혀살게 되었다.

유럽 전역을 자유롭게 누비다 돌아온 시댁은 결코 편안한 곳이 못 되었다. 아이들을 만난 것은 더없이 반가웠으나 경상도식 시집살이는 경우도 이치도 없이 억압적이기만 했다.

돌아온 지 한 달 만에 셋째 시삼촌이 지금까지 짓던 농사를 걷어치운 뒤 온 식구를 이끌고 김우영의 집에 들어왔다. 다음에는 둘째 시삼촌네 다섯 식구가 몰려들었다. 좀 잘 산다는 친척이 있으면 온 집안이 몰려들어 뜯어먹고 사는 것이 당시의 풍습이었다. 친척들은 김우영 부부가 세계 일주를 하고 돌아왔으니 당연히 돈이 많을 것으로 알고 그 집으로 들어온 것이다.

김우영으로서는 아직 취직자리도 안 나선 터에 난감한 일이 아닐 수 없었다. 몰려든 친척들은 그 후 일 년이나 이 집에 식객으로 있었다. 고정 수입도 없는데 이렇게 대식구를 떠맡게 되었으니 유럽의 합리적인 가정을 보고 여권을 운운하던 고모는 일시에 지옥에 떨어진 기분이었다. 자연 부부 사이에 말다툼도 잦아졌다.

좁은 집 안에서 대식구가 붐벼대자 서로 부딪히는 일도 많아진 데다 둘째 삼촌이 자기 아들을 고등학교에 보내면서 학비를 김우영에게 내라고 요구한 데서 사태는 더욱 악화했다. 고모는 고모부가 취직할 때까지 일 년만 휴학하며 기다리게 해달라고 사정했으나 시삼촌은 오히려 노발대발했다.

시누이가 고모를 밉게 본 데에는 여러 가지 이유가 있었다. 우선 문화적·이성적·지적 차이가 커서 열등의식이 심각한 데다 이른바 사회적 명사인 고모가 그녀에게는 건방져 보였다. 그래서 사사건건 고모가 하는 일을 트집 잡고 헐뜯고 시샘했다. 고모는 나름대로 시어머니에게도 잘 하고 시누이에게도 잘 하려고 애썼으나 처음부터 편견으로 대하는 시누이와의 관계는 좀처럼 호전되지 않았다. 고모로서는 이렇게 골치 아픈 인간관계를 이해할 수 없었다. 시누이가 결정적으로 토라진 것은 유럽에서 돌아왔을 때 선물이 없었기 때문이다.

고모는 큰 궤짝 두 개를 가지고 돌아왔다. 그러나 궤짝에서 나온 것은 시누이가 기대한 선물이 아니라 유럽 화가의 작품, 고모의 작품, 화구, 포스터, 그림엽서와 입던 옷가지뿐이었다. 이 일 때문에 고모는 두고두고 면박을 당하고 비웃음을 샀다.

고모는 선물을 살 생각이 없지는 않았으나 적당한 물건이 생각나지 않았다고 나중에 말하고 있다. 또 선물은 하면 좋지만 경우에 따라 안 할 수도 있는 것이지 꼭 해야 할 의무가 있는 것은 아니잖냐는 것이 고모의 생각이었다. 그런 것보다는 가치 있는 미술 작품을 하나라도 더 가져가야 한다고 그녀는 믿었다. 예술가로서의 선택이 그렇게까지 모진 비난과 핍박을 가져오리라고는 상상도 못했다. 그녀의 말대로 '실로 사는 세상은 같으나 마음 세상이 다르고 보니 괴로운 일이 많을' 수밖에 없었다.

고모는 또한 앞뒤를 재가며 말을 골라 하는 조심성, 재래 여자들이 자기 보호를 위해 본능적으로 지닌 이중성을 갖지 못하였다. 그래서 속마음을 솔직하게 털어놓았다. 그러한 고모의 언동은 어찌 보면 철이 없고 주책맞아 보이기까지 했다. 고모는 "나는 동래가 싫어요. 암만해도 서울 가서 살아야겠어요."라고 시누이 앞에서 서슴없이 말했다. 시누이는 고모가 '시어머니께 불효요, 친척에 불목不睦이요, 고향을 싫어하는 들뜬 여자'라고 비난했다.

시어머니는 서양식 며느리에게 살림을 내줄 생각이 없었다. 자기 수입이 한 푼도 없는 고모는 그 집에서 공중에 뜬 존재가 될 수밖에 없었다. 남편하고는 마음 놓고 이야기할 겨를조차 없었다.

전후좌우에는 형제 친척이 와글와글하니 다정치도 못하고 약지도 못하고 돈도 없고 방침도 없고 나이도 어리고 구습에 단련도 없는 일개 주부의 처지가 난처하였사외다. 사람은 외형은 같으나 그 내막이 얼마나 복잡하여 이성 외에 감정의 움직임이 얼마나 얼기설기 얽매였는가.

고모는 이해할 수도 감당할 수도 없는 시집 식구들의 구박과 트집 앞에서 절망했다. 주야로 어떻게 하면 지옥 같은 시댁을 빠져나가 자기 할 일을 하며 살 수 있을까 하는 생각에 골몰했다.

남편이 부영사로 있을 때 푼푼이 모은 돈은 지금 사는 집을 짓고 땅 마지기나 사고 유럽 여행을 할 때 거의 다 쓰고 없었다. 은사금恩賜金으로 받은 돈은 김우영이 변호사 개업을 하는 비용에 다 들어간 데다 대식구를 거느린 생활은 매우 궁핍했다.

고모는 서울로 가서 자기가 취직을 하면 살길이 트일 것 같은 생각이 들었으나 아이들이 있고 두 집 살림을 차릴 경제력도 없어서 엄두가 나지 않았다. 고모는 너무나 살길이 막연해 최린에게 도움을 청하는 편지를 썼다. 그는 서울에 사는 유일한 지인이었다. 최린과 함께 '무엇을 하나 경영해보려고' 그에게 동래로 내려와 줄 수 없겠느냐고 편지를 쓴 것이다.

다시는 안 만나겠다고 남편과 약속한 최린에게 편지를 쓴 것은 어디까지나 고모의 잘못이었다. 아무리 처지가 곤란하더라도 그에게만은 연락을 취해서는 안 되었다. 고모의 행동 밑바닥에는 최린에 대한 한 가닥 미련과 그러면 도와주리라는 응석과 믿음이 있었다. 그러나 세상은 그런 것이 아니었다.

최린은 측근들에게 이 편지를 보였고 측근들은 편지 내용을 '내 평생을 당신에게 맡기겠습니다'로 둔갑시켜 선전했다. 그 말을 전해 들은 김우영은 격노했다. 그는 한 번은 용서했으나 두 번은 도저히 용서할 수가 없었다. 그의 뇌리에는 6년의 구애 끝에 겨우 결혼 승낙을 받아낸 일, 신혼여행 때 최승구의 묘지에 갔던 일, 최린과 아내와의 소문을 처음 들었을 때의 충격, 아내가 다시는 그를 안 만나겠다고 맹세하던 일, 어머니와 누이와 삼촌들이 일제히 아내를 비난하던 일, 아내가 시집 식구들의 무경우를 비난하던 일들이 어지럽게 오갔다. 그는 "그런 계집을 데리고 사느냐."고 비웃는 주변 사람들의 말에 귀를 기울였다.

아내는 훌륭한 예술가이지만 함께 살기에 쉬운 여자는 아니었다. 생각도 보통 여자들과 너무나 달랐다. 집안에서 일어나는 요란한 비난 소리는 전통 사회가 도저히 용납할 수 없는 그녀의 언동에서 기인한 것이 아니던가. 연애 시절의 감정도 신혼 시절의 다정함도 사라져버린 지금 이제는 다 귀찮고 조용히 편하게 살고 싶다는 것이 그의 솔직한 심정이었다.

―――

그는 단순한 성격의 사람이었다. 한 번 아니다 하면 그것으로 그만이었다. 이리 생각하고 저리 생각하는 신중함은 그에게 없었다. 그보다는 차라리 이 기회에 골치 아픈 이 여자와 끝내고 말썽부리지 않는 여자를 얻고 싶은 심정이 슬그머니 고개를 쳐들었다.

그는 편지 사건이 터졌을 때 서울의 한 여관에 머물면서 변호사로 개업할 준비를 하고 있었다. 맡을 사건이 더러 들어와도 착수금이 없어서 일을 놓치는 수가 많았다. 서너 달씩 숙박료가 밀려 여관 주인 보기도 민망하고 행색도 날이 갈수록 초라해졌다.

그는 어느 날 느닷없이 동래로 내려오더니 아내에게 이혼을 요구했다. 시어머니와 남자 형제들은 말렸으나 김우영은 완강했다. 고모는 저항해보았자 소용없음을 깨달았다. 고모는 고모대로 할 말이 많았으나 이치를 따질 마음도 시비를 가릴 마음도 없었다.

그러나 막상 파탄이 목전에 다가오고 보니 고모는 아이들 장래를 위해서라도 자기가 굽히고 이혼만은 하지 말아야겠다는 생각이 들었다. 그녀는 남편 뒤를 따라 서울로 올라가 그가 있는 여관으로 찾아갔다. 사죄하고 용서를 빌었으나 김우영은 이미 예전의 그가 아니었다. 전혀 고모의 말에 귀를 기울이려고 하지 않았다.

고모는 그 길로 춘원 이광수에게 달려가 호소했다. 그는 중재를 맡고 나섰으나 김우영의 태도가 요지부동인 것을 보고 차라리 이혼하라고 권했다. 여관으로 돌아온 고모는 밤새 김우영의 방에서 나는 웃음소리, 기생의 교성을 들어야 했다.

상대자의 불품행不品行을 논할진대 자기 자신이 청백할 것이 당연한 일이거늘 남자라는 명목하에 이성과 놀고 자도 관계없다는 당당한 권리를 가졌으니 사회 제도도 제도려니와 몰상식한 태도에는 웃음이 나왔나이다.

고모가 이혼하기 전에 딸 나열, 아들 선, 건, 진과 함께 찍은 사진.

김우영은 이미 오래전부터 기생과 동거하고 있었다. 고모가 보기에도 그의 마음을 돌릴 여지는 전혀 없어 보였다. 그러나 그녀는 이 고비만 넘기면 일이 무사히 해결되리라는 한 가닥 희망을 아직도 버리지 않았다. 그녀는 천근 같은 가슴을 안고 동래로 돌아갔다. 그런 고모에게 김우영은 이혼장에 도장을 찍으라는 독촉장을 하루 걸러 보내왔다. 기한을 정하고 기일 내에 안 찍으면 고소하겠다고 했다. 두 달을 이렇게 버티는 동안 고모는 여러 차례 번의를 청하는 편지를 김우영에게 보냈다. 그러나 그의 답은 한결같이 이혼하자는 것이었다.

고모는 만사를 단념하고 두 장의 서약서를 만들었다.

> **서약서**
>
> 남편 김우영과 아내 나혜석은 만 2년 동안 재가再嫁 또는 재취再娶치 않기로 하되 피차의 행동을 보아 복구할 수 있기로 서약함.
> 夫 _____印
> 妻 _____印

이 서약서가 법적으로 무슨 구속력이 있으랴만 이것은 지푸라기라도 잡아보자는 고모의 심정에서 나온 최후의 수단이었다. 김우영은 즉각 도장을 찍어 보냈다. 법을 전공한 그는 이런 어린애 장난 같은 서류가 법적으로 휴지에 불과함을 누구보다도 잘 알고 있었을 것이다. 그로서는 이혼만 얻어낼 수 있다면 이런 도장쯤 얼마든지 찍겠다는 심정이 아니었을까 짐작된다.

고모도 이제는 '우물쭈물할 게 무어냐. 열 번이라도 찍겠다'는 심정이 되어 있었다. 그러나 도장을 찍기 전과 찍은 후의 사람들 태도는 놀랍게 돌변했다. 시가 식구들이 온갖 감언이설로 도장은 찍어도 달라질 게 아무것도 없다고 했던 말은 완벽한 거짓임이 밝혀졌다. 고모는 어이가 없었다.

과연 종이 한 장이 사람의 심사를 어떻게 움직이게 하는지 예측치 못하던 일이 하나씩 생기고 때를 따라 변하는 양은 울음으로 볼까 웃음으로 볼까. 절대 무저항주의의 태도를 가지고 무언중에 타인이 운반하는 감정과 사물을 꾹꾹 참고 하나씩 겪어 제칠 뿐이었나이다.

이혼이 법적으로 성립된 것은 1932년 봄이었다. 고모는 그래도 일말의 희망을 품고 시집에 남아 있었다. 그러나 시집 식구들은 물론 동네 사람들까지도 저 여자가 언제 나가나 하고 차가운 호기의 눈으로 바라보는 것이 역력했다. 김우영은 이따금 서울에서 동래로 내려와도 고모와 만나는 일 없이 시누이의 집에서 묵으며 아이들과 어머니를 불러다 보고는 서울로 가버렸다.

고모는 더 이상 이 집에서 버텨보아야 아무 소용없음을 깨달았다. 그녀는 앞날의 방침을 세우기 위해 사흘 밤을 뜬눈으로 새웠다. 아이들을 위해 이 수모를 겪으며 그대로 남아 있을까, 아니면 나가서 자기를 살리는 길을 택할까.

오냐, 내가 있은 후에 만물이 생겼다. 아해들아, 너희들은 일찍부터 역경을 겪어라. 너희는 무엇보다 사람 자체가 될 것이다. 사는 것은 학문이나 지식으로 사는 것이 아니다. 사람이래야 사는 것이다. (…) 내가 출가出家하는 날은 일곱 사람이 역경에서 헤매는 날이다.

그녀는 자기의 가출이 '내 개성을 위하여, 일반 여성의 승리를 위하여' 하는 일이라고 자부했다. 그러나 북행열차를 타고 보니 갈 곳이 없었다. 우선 서울 익선동에서 혼자 살고 있는 올케를 찾아갔다. 마침 제사 때라 봉천에서 오빠 공민이 돌아와 있었다.

고모는 아버지에게 그동안의 일을 이미 편지로 보고하고 있었다. 편지 사건이 일어난 후 아버지도 수습해보려고 백방으로 애썼고 어머니도 중재하려고 몇 번 나섰다. 아버지는 김우영도, 최린도 잘 아는 처지라 나서기가 거북한 점이 없지 않았다.

익선동에서 만난 고모와 아버지는 앞으로의 방침을 의논했다. 당분간 봉천에 가 있으라는 것이 아버지의 의견이었다. 그러나 고모는 최린을 한번 만나보겠다고 고집했다. 자기가 이혼을 당하게 된 이상 일부의 도의적 책임을 최린도 져야 한다는 것이 고모의 주장이었다. 그러나 아버지는 김우영이 강경하게 나오는 것은 사회적인 체면상 어쩔 수 없어 그러는 것이고 세월이 지나가면 생각이 달라질 터이니 그동안 봉천에 가서 기다리라고 강권했다.

고모는 돈 많은 여자들이 독신이 된 김우영과 결혼하려고 유혹한다는 소문이 있어 서울을 뜨기를 꺼렸으나 결국 아버지를 따라 봉천으로 갔다. 하지만 마음이 진정될 리 없었다. 그림을 그릴 수도 없고 어떤 일도 손에 잡히지 않았다. 그래서 과거에 자기가 썼던 원고들을 읽어보았다. 모성에 관한 글, 부부생활에 관한 글, 애인을 추억하는 글, 자살에 대한 글…. 그것들은 마치 지금 그녀가 당한 모든 일을 예언하는 것처럼 보였다.

봉천에 온 지 한 달이 못 되어 지인에게서 편지가 왔다. 김우영이 재혼을 하고 아이들도 데려간다는 것이었다. 이혼장에 도장은 찍었어도 김우영이 서약서대로 결혼하지는 않으리라고 믿었던 고모로서는 청천벽력이었다. 그녀는 너무나 세상을 모르고 순진했다.

고모는 이혼 후 잡지 〈삼천리〉에 2회에 걸쳐 발표한 '이혼백서離婚白書'에 당시의 일을 상세히 기록했다. 이것은 2년 동안은 쌍방에서 결혼하지 않고 재결합의 가능성을 고려해본다는 서약을 어긴 김우영에 대한 항의요 도전이었다. 또 그녀는 자기의 입장을 밝히고 누구에게라도 호소하고 싶었다.

'이혼백서'에 대한 세간의 여론은 분분했다. 부정을 저지르고 이혼을 당한 마당에 무슨 면목으로 그런 것을 써내느냐는 것이 대다수의 의견이었다. 다른 한편으로는 한때 그토록 날리던 여류 인사가 이혼을 당하게 된 내력에 대한 대중의 호기심도 대단했다.

그러나 자기의 행동을 적나라하게 고백하는 일을 용기 있는 행동이라고 본 사람은 적어도 당시에는 별로 없었다. 사회는 고모의 가슴 찢어지도록 아픈 경험을 스포츠 경기나 연극을 구경하듯 즐기고 있었다.

고모는 그러나 창피하다든가 체면을 차려야 한다든가 하는 생각보다 일어난 사실을 낱낱이 기록해야 한다고 생각했다. 그것은 어찌 보면 표현을 생명으로 아는 예술가의 기질에서 오는 충동 같은 것이기도 했다. 보통 사람이라면 감추려고 하는 일을 고모는 오히려 드러내려고 했다. 그러한 고모의 태도는 상식적인 생활인에게는 창피를 모르는 노출증으로 비추어졌다.

아버지도 그렇게 생각한 사람 중의 하나였다. 고모를 남달리 사랑했던 아버지이기에 동생의 몰락은 누구보다 뼈아픈 일이었다. 그래서 되도록 조용히 일을 수습하는 것이 바람직하다고 보았다. 그러나 고모는 자기의 치부를 잡지에 공개하고 김우영을 찾아가 매달리고 최린을 만나려고 찾아다녔다. 후회 없이 모든 방법을 다 해보려고 한 것이겠으나 여기에도 세상을 모르는 혹은 세상을 쉽게 보는 순진성이 작용했다고 하겠다.

그렇다고 고모가 고통을 안 받았다는 말은 아니다. 문제는 담담하나 글에서는 심각한 아픔이 배어 나오고 있다.

나는 죽을 수밖에 없는 사람이 되고 말았습니다. 죽는 일은 쉽사외다. 한번 결심만 하면 되는 극락이외다. 그러나 내 사명에 무엇이 있는 것 같사외다. 없는 길을 찾는 것이 내 힘이요, 없는 희망을 만드는 것이 내 힘이었나이다.

고모는 이 역경을 딛고 일어서기 위해 혼신의 힘을 다해 노력했다. 우선 제전에 작품을 낼 생각으로 그림을 팔고 가진 것을 저당

잡아 돈을 만든 뒤 금강산으로 들어갔다. 금강산으로 가는 여행길에 그녀는 일본인 아베阿部充家를 만났다. 아베는 총독 사이토의 언론 담당 고문이며 김우영과도 잘 아는 사이였다. 그는 고모의 현재 처지를 전혀 아는 척하지 않고 극진히 대해주었다. 식사에 초대하고 관광도 함께 했다. 당시 고모에게 가장 필요한 위안을 준 이는 한국인이 아닌 일본인이었다.

아베와 헤어진 후 고모는 금강산 만물상 근처 '만물정'이라는 여관에 방을 얻어 한 달을 지내면서 20여 점의 작품을 그렸다. 그리고 다시 봉천으로 돌아갔다. 이 시기에 그녀는 자주 봉천에 왔으나 내가 그녀를 기억하지 못 하는 것은 당시 두 살밖에 안 되는 아기였기 때문이다.

봉천에서 고모는 금강산에서 그린 작품과 고향에서 들고나온 작품을 가지고 전시회를 열었다. 아버지는 고모의 상심을 달래주기 위해 전시회를 권하고 회장을 주선하는 일이며 비용을 조달하는 일을 도와주었다. 관객은 아버지가 아는 사람들과 그들이 알려서 온 사람들이 대부분이었다. 그러나 고모가 도쿄서 돌아와 처음 서울에서 열었던 성대한 개인전에 비하면 격세지감이 드는 쓸쓸한 전시회였다.

―――

전시회를 마치고 나서 고모는 도쿄로 가기로 마음먹었다. 파리에서 그린 〈정원〉을 제전에 출품하기 위해서였다. 출품 후 가슴 조이는 오랜 기다림 끝에 드디어 입선의 낭보를 접할 수 있었다.

신문사 사진기자들이 밤중에 들이닥치고 라디오로 방송이 나가고 고모는 또다시 서울의 떠들썩한 화젯거리가 되었다. 그녀는 "이 일로 인하여 나는 면목이 섰고 내 일신의 생계가 생겼나이다. 사람은 남자나 여자나 다 힘을 가지고 납니다. 그 힘을 사람은 어느 시기에 가서 자각합니다. 나는 평생 처음으로 자기 힘을 의식하였습니다. 그때에 나는 퍽 행복스러웠나이다."라고 당시의 기쁨을 표현했다. 여자로서 파탄에 직면한 상황에서 그녀는 예술가로서의 능력에 의지하여 살려고 한 것이다.

가혹한 몰락의 현실 속에서 생의 의욕마저 잃을 것 같았던 그녀에게 제전 입선은 재기의 희망을 안겨주었다.

> 인생은 고통 그것일는지 모릅니다. 고통은 인생의 사실이외다. 인생의 운명은 고통이외다. 일생을 두고 고통을 깊이 맛보는 데에 있읍니다. 그리하여 이 고통을 명확히 사람에게 알리는 데 있읍니다. (…) 나는 거의 재기할 기분이 없을 만치 때리고 욕하고 저주함을 받게 되었읍니다. 그러나 나는 필경은 그 같은 운명의 줄에 얽혀 없어질지라도 필사의 투쟁에 끌리고 애태우고 괴로워하면서 재기하려 합니다.

파탄의 나락에서도 고모는 끝까지 자기를 죄인으로 생각하지 않았다. 과오를 범했다고는 하나 그것은 어디까지나 범인과 달리 사는 예술가의 사적인 행동이었으며 또한 상대와 함께 행한 일이니 여자만이 벌을 받아야 한다는 것은 승복할 수 없었다. 또 '지글지글 끓는 감정을 풀 곳이 없다가 누가 앞을 서는 사람이 있으면 가부를 막론하고 비난하고…. 무슨 방침을 세워서라도 구해줄 생각은 추호도 없이 마치 연극이나 활동사진 구경하듯이 재미스러워하고 코웃음치고 질책하여 일껏 선안先眼에 착심하였던 유망한 청년으로 하여금 위축의 불구자를 만드는' 사회를 그녀는 오히려 비판했다.

보라! 구미 각국에서는 돌비突飛한 행동하는 자를 유행을 삼아 그것을 장려하고, 그것을 인재라 하며, 그것을 천재라 하지 않는가. 그러므로 앞을 다투어 창작물을 내나니 이러므로 일진월보日進月步의 사회 진보가 보이지 않는가. 조선은 어떤가? 조금만 변한 행동을 하면 곧 말살시켜 재기치 못하게 하나니 고금의 예를 보아라. 천재는 당시 풍습 습관에 만족을 갖지 못할 뿐 아니라 차대를 추측할 수 있고 창작해낼 수 있나니 변동을 행하는 자를 어찌 경솔히 볼까 보냐. 가공할 것은 천재의 싹을 분질러놓는 것이외다.

그러나 사회는 고모가 소리를 높일수록 냉소할 뿐이었다. 고모를 따라다니며 일거수일투족을 보도하고 침이 마르게 칭송하던 바로 그 사회가 이번에는 돌을 들고 가차 없이 팔매질을 해댔다.

아버지는 고모를 사랑했던 것만큼 실망이 컸고 돌이킬 수 없는 일을 저지른 고모가 밉기도 하고 불쌍하기도 했다. 그녀를 짓밟은 남편과 시가의 처사가 괘씸했으나 약한 입장에 있는 고모는 우선 가만히 있으면서 사회 여론이 가라앉기를 기다려야 한다고 아버지는 생각했다. 한국의 지도층 인사들은 거의 모두 아버지와 아는 사이였다. 그런 처지에서 고모의 이혼은 가문의 수치요 사회적인 망신 이상 아무것도 아니었다. 고모가 불쌍하면 할수록 아버지는 고모를 책망하고 싶어졌다. '왜 정신을 못 차리고 그런 짓을…;' 하는 감정이 때때로 고개를 쳐들었다. 또 일이 이렇게 되었으면 얌전히 근신을 할 것이지 왜 염치도 없이 잡지에 대고 글을 써대느냐 하는 것이 아버지의 심정이었다.

그러나 고모는 사태가 긴박할수록 자꾸 글을 써서 발표해야 한다고 생각했다. 상반된 두 사람의 의견은 자연 아버지와 고모 사이를 뜨악하게 만들었다. 아버지는 아무리 말려도 안 되는 고모를 멀리서 지켜볼 수밖에 없다고 생각했다. 사실 고모는 이미 아버지의 영향권 밖에 있는 사람이었다.

고모는 〈정원〉이 제전에 입선한 후 도쿄에 한참 머물다가 1932년 4월에 서울로 돌아왔다. 제11회 선전鮮展에 출품하기 위해서였다. 〈금강산 만상정金剛山 萬相亭〉〈창가에서〉〈소녀〉 등 세 점이 출품되었다. 그러나 이번에는 특선은 아니었다.

제11회 선전이 끝난 뒤 고모는 다시 금강산으로 갔다. 다음 도쿄 제전에 출품할 작품을 그리기 위해서였다. 이번에는 내금강이 아니라 해금강의 총석정叢石亭에 방을 얻어 머물면서 대작 2점을 포함하여 30여 점의 유화를 그렸다. 바위와 바다가 절묘한 조화를 이룬 수려한 풍경, 농촌의 여인들과 그들의 생활을 그린 작품들이 주가 된 이때의 수확은 그동안의 고통과 상심을 잊게 할 만큼 푸짐한 회심의 작품들이었다.

그러나 '불행은 하나씩 오지 않는다'는 말대로 고모의 필사의 재기 노력을 산산이 부수는 사건이 일어났다. 고모가 기숙하던 집에 불이 난 것이다. 불은 심혈을 기울여 그린 작품들을 10여 점만 남기고 모두 불태우고 말았다.

행복의 절정에 있더라도 이것은 심각한 타격이었을 터인데 불행의 나락에서 당한 일이니 그 아픔은 형언할 수 없었다. 고모는 불탄 재를 쓸어안고 한참 실신한 듯이 있다가 몸져누워 버렸다. 몸을 추슬러 일어난 것은 열흘이나 지난 뒤였다.

1933년 2월에 고모는 서울 수송동에 여자미술학교를 세웠다. 학생은 연령을 불문하고 그림을 배우고 싶은 여자들이었다. 고모는 학교의 취지서를 썼다.

빛과 색의 세계! 많은 신비와 뛰는 생명이 거기만 있지 않습니까? 갑갑한 것이 거기서 시원해지고 침침하던 것이 거기서 환하여지고 고달프던 것이 거기서 기운을 얻고 아프고 쓰리던 것이 거기서 위로와 평안을 받고 내 마음껏 내 솜씨껏 내 정신과 내 계획과 내 희망을 형形과 선線 위에 굳세게 나타내는 미술의 세계를 바라보고서 우리의 눈이 띄어지지 않습니까? 우리의 심장이 벌떡거려지지 않습니까? 더구나 오늘날 우리에게야 이 미의 세계를 내놓고 또 무슨 창조의 만족이 있읍니까? 법열法悅의 창일漲溢이 있읍니까?

이혼 후 고모 나혜석이 화장실에서 자화상을 그리는 모습이다.

더구나 무거운 전통과 겹겹의 구속을 한꺼번에 다 끊고 독특하고도 위대한 우리의 잠재력을 활발히 방동시켜서 경의와 개탄과 공축恐縮을 만인에게 끼칠 방면이 미술의 세계밖에 또 무슨 터전이 있다고 생각하십니까? 도우무(동몽童蒙을 일본식으로 발음한 것으로 보인다. -편집자)의 색씨들아! 오시요, 같이 해봅시다. 브러쉬를 가지고 캔버스를 들고 일체의 추를 미화하기 위하여, 일체의 암흑을 명랑화하기 위하여 다같이 어둠침침한 골방 속에서 나오시오. (…)

이 글은 한 학원의 취지서라기보다 고모의 절박한 마음에서 우러나오는 외침처럼 들린다. 미술학원이 만일 성공했다면 고모의 만년은 달라졌을 것이다. 그러나 이렇다 할 후원자 없이 시작한

고모 나혜석이 1932년 선전에 출품해 입선한 작품 〈소녀〉.

학원은 곧 재정난에 빠졌고 얼마 안 가서 문을 닫아야 했다.

1932년 가을부터 고모는 세계일주 기행문 '구미유기歐美遊記'를 써서 월간 《삼천리》에 연재하기 시작했다. 이 기행문은 구미를 돌면서 보고 듣고 느낀 바를 고모 특유의 필치로 기록한 것이다. 미술 작품에 대한 감상, 외국 가정과 한국 가정의 비교, 외국 여성과 한국 여성의 사회적 지위 비교 등 다양한 내용의 이 글은 1935년까지 계속되었다.

그러나 역경에 처하면서도 부지런히 그림을 그리던 그녀는 1933년 이후 그림을 발표하는 일을 중단하고 말았다. 겉으로는 태연한 척, 굳센 척했으나 이혼의 타격과 사회의 총공격은 끝내 그녀의 예술가로서의 가능성을 완전히 꺾어버리고 만 것이다.

그녀는 고통을 극복하기 위해 불교에 귀의했다. 그러나 일등 선실, 일등 비행기로 일류 호텔만 골라서 세계 유람을 다니던 사람이 갑자기 극도로 청빈한 생활을 하자니 정신적 고통도 고통이려니와 우선 육체적으로 적응하기가 힘들었다.

아버지는 돌아다니다 갈 곳이 없어지면 찾아오는 고모에게 누누이 일렀다. 기왕에 이렇게 되었으니 만사를 단념하고 상하이로 가거나 국내에 있겠다면 절에 들어가 그림에만 전념하라. 몇 년만 그렇게 지내고 나면 사회도 고모의 과오를 보는 눈이 달라질 것이니 그때까지만 곱게 기다려라, 하는 것이 아버지의 충고였다.

고모는 그러나 납득하지 않았다. 자기가 저지른 잘못은 그런 은둔생활을 강요당할 만큼 큰 과오가 아니라는 것이었다. 그녀가 아버지의 강권을 마지못해 받아들여 충청도 덕산 수덕사로 들어간 것은 신병 때문에 꼼짝 못 하게 된 뒤의 일이었다.

정신적 타격과 고통 때문인지 고모는 1932년경부터 파킨슨병 증상을 보이기 시작했다. 손이 떨리고 눈동자가 잘 움직이지 않고 얼굴 표정이 희미해졌다. 처음에는 손만 떨리던 것이 다리도 잘 안 움직이게 되어 걸음걸이가 불편해지고 혀가 제대로 안 돌아가 발음이 불분명해졌다.

그녀는 수덕사로 들어간 뒤에도 한동안 속인의 복장을 하고 있었으나 어느 때부턴가 승복을 입기 시작했다. 그러나 삭발을 하는 것은 끝까지 거부했다. "유명인 여승이 둘씩 있을 것 있나." 하는 것이 그녀가 거부한 이유였다. 이것은 당시 여성 문인 김일엽金一葉이 삭발하여 수덕사에 들어가 있던 일을 가리켜 한 말이다. 그 말에는 이렇게 몰락은 했으나 두 번째 여승이 되어 구경거리를 제공하고 싶지 않다는 그녀의 마지막 긍지와 저항이 담겨 있었다.

고모는 수덕사에 들어간 후 얼마 동안은 조용히 지냈다. 수덕사의 숙식비는 아버지가 대주어 당장 먹고살기에는 어려움이 없었다. 그러나 그림 화구를 살 돈에는 부족했다. 발표는 하지 않았으나 고모는 이때에도 그림을 계속 그리고 있었다.

이 시절의 그림에서는 옛날의 넘치는 패기와 힘찬 필치는 이미 사라지고 다만 끈질긴 의지와 집념 같은 것만이 엿보일 뿐이다. 또 물감이 부족하여 색채도 제대로 못 낸 채 형체만 겨우 그려놓은 것들이 많다. 그것은 마치 당시 고모의 모습을 반영하는 듯 처참하고 초라했다.

고모에게 수덕사에서 가만히만 있으라고 한 것은 무리한 요구였는지도 모른다. 아버지는 고모의 몰락을 통탄하고 집안의 체면을 중시한 나머지 고모의 인간적 필요나 욕구를 무시하는 경향이 없지 않았다. 또 남자인 그가 여자인 고모의 사정을 속속들이 알지 못한 면도 있었을 것이다.

―――

내가 고모를 처음 본 것은 우리가 서울로 이사 온 지 얼마 안 된

1941년의 일이었다. 어느 날 학교를 파하고 집 앞 비탈길을 올라가는데 동네 아이들이 떼를 지어 어떤 남루한 할머니를 따라가는 것이 보였다.

회색 승복을 입은 그 할머니는 지팡이를 짚고 지척거리며 비탈길을 올라가고 있었다. 아랫턱이 내려앉아 입은 벌어진 채 덜덜 떨리고 안경 렌즈 뒤에서 유난히 커 보이는 눈동자는 초점 없이 멍했다. 아이들 무리와 함께 걸어가던 나는 그 할머니가 우리 집 문으로 들어가는 것을 보고 깜짝 놀랐다. 그리고 그녀가 나의 고모라는 것을 알고는 다시 한번 놀랐다.

어머니는 고모를 건넌방에 숨겼다. 아버지는 고모의 초라한 모습을 볼 때마다 꿈의 잔해를 보듯 가슴이 아프다 못해 화가 나는 것 같았다. 아버지의 화는 고모에 대한 사랑과 실망의 크기에 비례하는 듯했다. 그 화는 고모가 가만히 있지 않고 서울의 친지에게 끊임없이 편지를 보내고 걸핏하면 서울로 올라와 여기저기 찾아다니는 것을 알게 될 때마다 더욱 악화했다. 고모를 보면 아버지의 벼락이 떨어지기 때문에 어머니는 고모를 숨겨야 했다.

고모는 이렇게 이따금 우리 집에 찾아와서는 며칠씩 지내다가 갔다. 이런 일은 우리가 신교동新橋洞으로 이사하고 해방을 맞은 뒤까지도 계속되었다. 우리도 고모의 방문에 익숙해졌고 아버지에게 들키지 않는 횟수가 들키는 횟수보다 많아졌다. 어머니는 고모가 오면 우선 목욕을 시키고 머리를 감겨주고 속옷을 갈아입히느라 분주했다.

신교동 우리 집 일층 복도. 복도 끝에 고모 나혜석이 칩거하던 방이 있다.

내가 철이 들었더라면 이 기회에 고모와 이야기를 했을 것이다. 그러나 당시의 나는 멍청한 눈을 하고 턱과 손을 떠는 고모가 무섭고 싫어서 가까이 가려 하지 않았다. 어머니가 심부름을 시키면 마지못해 그 일만 하고는 달아났다.

지금도 기억에 남는 일이 하나 있다. 해방이 되자 미군이 서울로 들어와 지프 차를 타고 거리를 돌아다니는 모습이 보였다. 그들은 막다른 골목인 우리 집 앞까지도 들어오는 일이 잦았다.

8장 나혜석, 시대를 앞서간 여인　215

어느 날 고모가 와 있을 때 미군 장교가 우리 집 대문을 두드렸다. 현관에 나간 내가 미군이 하는 말을 알아듣지 못하고 쩔쩔매고 있으려니까 고모가 건넌방 문을 열더니 불편한 몸으로 낭하로 기어 나와 나를 불렀다. 그러고는 미군이 '이 집에 피아노가 있느냐, 있으면 하룻밤 피아노와 피아노가 있는 방을 빌려줄 수 있느냐'고 묻고 있다고 알려주는 것이었다. 나는 망가진 모습과 어울리지 않는 고모의 어학 능력에 놀랐다.

그 후 미군 장교는 동료들과 함께 우리 집 피아노 방에서 하룻저녁 노래하고 춤추는 파티를 벌였다. 그때 미군 장교들과 함께 와서 춤을 추다 간 한국 여인은 김수임金壽姙이었다. 이화여전 출신의 재원인 그녀는 좌익의 거물 이강국李康國의 애인이며 후일 이강국을 위해 간첩 활동을 했다는 혐의로 사형을 당했다.

당시 우리 집 근처 효자동 거리에는 이강국이라는 문패가 붙은 한옥이 있었다. 김수임은 이강국을 만나러 우리 동네를 오가다가 우리 집에서 나는 피아노 소리를 듣고 미군 장교에게 알렸는지도 모른다. 그때는 피아노가 있는 집이 흔치 않았다.

어쨌든 그날의 그녀는 세상에 걱정거리라고는 없다는 듯 웃고 춤추고 재잘거렸다.

―――――

우리 집에는 고모가 쓴 원고 더미와 그림과 유럽 여행 때 찍은 사진첩들이 많았다. 원고는 글자 하나하나에 손 떨린 흔적이 있었다. 그런 글씨로 빽빽하게 쓴 원고를 쌓은 높이가 적어도 50센티는 되었다.

아마도 이혼 이후의 수기를 어느 잡지에 연재할 생각으로 써 모은 원고인 듯했다. 아버지는 〈이혼백서〉를 발표한 것도 못마땅하게 생각했던 터라 그 원고를 내기 위해 도움을 줄 생각은 없었다. 그래서 원고 더미는 그대로 다락에 쌓여만 있었다. 그러다가 6·25 전쟁이 나고 난리 통에 모든 것이 없어지고 말았다.

지금 생각하면 너무나 소중한 유산을 잃어버린 일이 안타깝고 한스러울 뿐이다. 또 고모와 이야기를 나누지 못했던 일이 통탄스럽다. 그때 내가 들을 마음만 있었다면 고모는 기꺼이 내게 그 기막힌 이야기들을 털어놓았을 것이기 때문이다.

9장

일본이 물러서기까지

우리가 서울로 이사 온 것이 1941년 봄이었고 태평양전쟁이 시작된 것이 1941년 12월 8일이었다. 세계대전으로 번지기 오래전부터 일본은 중국과 전쟁을 하고 있었고 중일전쟁 발발 이전에는 만주에서 국지적인 총격 사건이 끊이지 않았다.

아버지가 가족을 이끌고 서울로 옮겨 앉기로 한 데에는 아이들 교육 문제도 있었으나 심상치 않은 중·일 관계와 국제 정세도 작용한 것으로 보인다. 일찌감치 서울로 이사한 덕에 우리 가족은 종전 때 만주에 있던 많은 한국인이 당한 고초를 면할 수 있었다.

한국으로의 이주는 나의 입학시험으로 시작되었다. 아버지는 서울에 사는 어머니의 유학 시절 친구 문경자의 남편에게 경기공립고등여학교京畿公立高等女學校(이하 경기고녀) 입학원서를 사 보내달라고 부탁했다. 그는 경기고녀가 얼마나 들어가기 어려운 학교인데, 만주에 살다가 갑자기 와서 어떻게 들어갈 거냐고 하면서도 원서를 사서 보내주었다.

아버지와 어머니는 입학시험 하루 전에 나를 데리고 서울로 왔다. 우리가 묵은 곳은 하세가와조長谷川町(현재의 소공동)에 있는 비전옥備前屋이라는 일본식 여관이었다. 그곳은 정원이 근사하고 일본 옷차림의 여중女中이 날라다 주는 밥이 맛있었다. 아버지는 시험을 치르는 나를 위해 이렇게 호사스러운 여관을 택해 최고의 대접을 해준 것이다. 지금 돌이켜보면 아버지가 나에게 대한 태도는 매우 담담했으나 내심에서 우러나는 따스함이 있었다.

서울로 이사 온 뒤 우리는 아버지가 산 청운동淸雲洞의 한옥에 들어갔다. 집 주변에는 새로 만들어진 빈 택지가 하얗게 살을 드러내고 있을 뿐 집은 몇 채 없었다. 우리는 이 집에서 일 년 반쯤 지냈다. 아버지는 신교동에 새로 집을 사는 한편 황해도 해주에 과수원과 정미소를 사서 어머니의 오빠인 외삼촌을 지배인으로 하여 운영을 맡겼다. 왜 하필 황해도에 땅을 샀는지는 알 수 없으나 아마 좋은 쌀이 나는 토질과 비교적 싼 땅값이 이유였을 것으로 보인다. 또 전운이 감도는 시국에 식량 확보가 가장 시급한 문제라는 생각에서 정미소를 시작한 것 같다.

아버지는 그 외에도 서울의 사직동 일대에 넓은 땅을 샀다. 아마 무슨 공장을 지을 생각에서 그랬던 모양이나 그 계획은 실현되지 않은 채 아버지의 땅에는 어느 틈에 무허가 건축이 빈틈없이 들어서고 말았다. 사람들은 수시로 아버지를 찾아와 그 땅을 양도해달라고 떼를 썼고 결국 땅은 그 사람들이 차지하게 되었다. 아버지는 자본가와 대지주로 탈바꿈을 했으나 옛날 사회주의자 시절에 가졌던 빈자와 약자에 대한 일종의 연민과 책임감 같은 것을 저버리

1941년 서울로 이사하고 나서 찍은 사진. 위로부터 시계 방향으로 영균, 희균, 정균, 상균이다.

지 못하고 그 넓은 땅을 모두 무상으로 나누어주었다.

태평양전쟁은 우리가 한국에서 자리를 잡아가고 있을 때 시작되었다. 1941년 12월 8일, 내가 다니던 경기고녀 조례에서는 교장이 천황의 선전포고칙서를 낭독하고 일본 해군이 하와이 진주만을 급습하여 혁혁한 전과를 올렸다고 떨리는 목소리로 이야기했다.

―――

처음에는 잘 몰랐으나 전쟁은 날이 갈수록 우리 생활에 갖가지 영향을 미치기 시작했다. 우선 학교 교과목에서 영어가 사라졌다.

적성국가敵性國家의 언어라고 제외된 것이다. 또 수신修身이라고 불리던 과목은 공민公民으로 이름이 바뀌고 내용도 도덕이나 윤리에 관한 것에서 국체니 전시체제니 방공훈련이니 하는 것으로 바뀌었다.

우리는 조례와 종례 때 하루 두 번씩 '황국신민의 서誓'와 '국어 상용의 서'를 큰 소리로 외웠다. 국어는 여기서 일본어를 가리킨다. 우리가 학교에 들어가기 수년 전까지만 해도 중학교에는 조선어라는 과목이 있어 한글을 가르쳤으나 이때는 이미 없어진 뒤였고 모든 수업에서는 일본어를 사용하고 있었다. 상용이라는 것은 수업 시간뿐 아니라 쉬는 시간에도, 집에 가서도 일본어를 쓰라는 뜻이었다. 그러나 특수한 경우가 아니고는 생활을 외국어로 하라는 데에는 무리가 있었다. 우선 한국인인 우리가 부모형제와 일본어를 한다는 것부터 우스운 일이었다. 나이 많은 부모 중에는 일본어를 모르는 사람도 있었고 안다 하더라도 생활 정서상 식구끼리 일본어가 나올 리 없었다. '국어 상용의 서' 문구를 날마다 주문처럼 외우면서 우리는 학교에서는 일본어를, 집에서는 한국어를 쓰는 이중성을 자연스럽게 터득했다.

간혹 친구들과 우리말을 하다 들켜 교무실에서 벌서고 반성문을 쓰는 학생들도 있었다. 그러나 벌을 세우는 선생이나 벌을 서는 학생이나 그 일의 정당성을 확실히 믿고 있는 것은 아니었다. 서문의 언사나 그것을 외우는 행위 자체가 내포한 허위를 누구나 감지하면서도 말하지 않을 뿐이었다.

그래서 우리는 곧잘 일본어를 쓰되 그것을 우스꽝스럽게 말하기를 즐겼다. 억양을 완전히 우리말식으로 하고 발음은 되도록 탁하게 했다. 한국인 선생님 중에는 우스운 일본어를 하는 이가 더러 있었다. 우리는 그들을 흉내내며 시시덕거렸다. 수학을 가르치는 최 선생님이라는 이는 언제나 한국어를 직역하는 식으로 일본말을 했다. 예를 들어 우리는 흔히 '큰일이다'라는 표현을 쓴다. 일이 제대로 안 될 때 가볍게 쓰는 말이다. 우리가 수학 문제를 풀지 못하면 최 선생은 "고레와 이찌다이지一大事다."라고 말하곤 했다. 우리는 웃음을 참느라 고개를 숙여야 했고 수업이 끝나면 서로 "고레와 이찌다이지다." 하고 흉내 내며 낄낄거렸다.

일본인들이 '네'를 말끝에 붙이는 습관을 본 따 아무 데나 '네'를 붙이는 선생님도 있었다. 그 버릇이 어찌 심한지 그는 호령할 때도 '네'를 빼지 않았다. 예를 들어 봉안전奉安殿 앞을 지날 때면 그는 큰 소리로 이렇게 외쳤다. "호안덴니 무깟데네, 사이케이레이네." 우리는 최경례를 하고 나서 뿔뿔이 달려가서는 배를 잡고 깔깔댔다. 봉안전은 일본 천황의 사진과 교육칙서와 선전칙서宣戰勅書를 모셔 놓은 조그만 사당인데 그 앞을 지날 때면 누구나 최경례를 해야 했다. 그룹으로 지나갈 때는 한 사람의 호령에 따라 일제히 절을 하는데 그때 이런 식으로 호령을 하면서 우리는 이 강요된 의식의 거북함을 덜곤 했다.

한국인이 볼 때 일본인의 습관 중에서 가장 낯선 것이 바로 천황에 대한 지나친 예였다. 교장이 하얀 장갑을 낀 두 손으로 칙서를 머리 위까지 높이 쳐들고 걸어가는 것은 꼴불견이었고 신사 앞에서 손뼉을 치고 절을 하는 것도 관객의 호기심으로 바라볼 일이지 우리가 정색하고 할 일은 아니었다.

우리가 여학교에 들어가던 해, 그러니까 1941년을 전후해서 총독부에서는 한국인에게 창씨개명령을 내렸다. 왕족이나 작위를 가진 귀족 혹은 유력자를 제외하고는 누구나 성을 일본식으로 갈아야 했다. 학교에 가거나 취직을 비롯한 모든 사회적 행위에는 일본식 이름이 있어야 했다.

성을 바꾼다는 것은 가계를 존중하는 한국에서는 도저히 승복하기 어려운 일이었다. 제일 지독한 욕이 '성을 갈라'인 것만 보아도 그것은 알 수 있다. 그러나 총독부가 권력으로 강요하니 저항을 해보아야 헛일이었다. 아버지는 우리 성인 '나'에다 "까짓 밭 전田자나 하나 붙이자." 하며 나전羅田으로 성을 고치고 이름들은 한국식으로 그대로 두었다. 그래서 아버지 이름은 羅田景錫이고 내 이름은 羅田英均이 되었다. 일본어로는 이것을 '라뎅'이라고 발음했다. 일본 성도 아니고 그렇다고 한국 성도 아닌 이 성을 말하거나 들을 때마다 나는 야릇한 느낌을 갖지 않을 수가 없었다.

성을 갈라는 총독부의 성화에 못 이겨 어떤 집에서는 본관을 성으로 하기도 했다. 예를 들어 광산 김씨光山金氏는 광산으로 성을 고쳐 '미쓰야마'라고 발음하는 식이었다. 그런가 하면 이왕에 갈 판이면 아주 일본식으로 갈아버리자는 사람들도 있었다. 그래서 모리무라森村니 호조北條니 하는 성들도 등장했으나 대부분은 자신의 본래 성을 어떤 식으로든 사용했다.

이 때문에 우리 동창생들은 지금도 만나면 일본 이름으로 서로를 불러야 하는 웃지 못할 처지에 있다. 한국 이름으로는 서로를 인지하지 못하기 때문이다. 그래서 지금도 마끼노牧野 상이니 미즈하라水原 상이니 하면서 그때마다 묘한 감정을 맛보는 것이다.

우리는 언어와 이름으로 이중생활을 하면서 본능적으로 우리 처지의 허위성을 실감하고 있었다. 그러나 그것을 어떻게 하자는 결단이나 의지는 겉으로 나타내지 않았다. 나타낸다면 수업 시간에 이따금 곤란한 질문을 하는 정도였다. '신무천황神武天皇의 금빛 독수리 이야기는 과연 실화인가'라고 물었다가 나는 선생님의 얼굴이 새빨개지며 펄펄 뛰는 것을 보고 깜짝 놀란 적이 있다. 덕분에 그 학기의 역사 점수는 60점이 나왔다. 그러나 그런 질문이 왜 그렇게 나쁜 것인지는 끝내 납득이 가지 않았다.

태평양전쟁은 날이 갈수록 범위가 확대되어갔다. 싱가포르, 필리핀, 보르네오, 뉴기니, 뉴질랜드, 과달카날, 사이판, 괌, 웨이크 등 그때까지 들어보지도 못한 지명들이 신문에 오르내리면서 황군은 도처에서 눈부신 전과를 올리고 있다는 보도가 날마다 실렸다. 전쟁 초기에 싱가포르가 함락되자 우리는 깃대를 들고 시가행진을 했다. 그날은 몹시 추운 날이어서 가다가 몇 번씩 얼음판에 미끄러졌던 기억이 난다.

물자가 조금씩 부족해지자 쌀 배급제가 실시되었다. 일인당 하루 2홉 5작이 배급되던 것이 나중에는 2홉 3작으로 줄어들었다. 부식물이라고는 없던 시절이라 사람들은 배를 곯지 않기 위해서 암거래를 많이 했다. 우리 집은 아버지가 정기적으로 해주에서 쌀을 날라다 준 덕에 식량 부족을 모르고 지낼 수 있었다.

신교동에는 일본인이 많이 살고 있었다. 한국인들은 전쟁은 일본 사람들이 하는 것이고 우리야 암거래를 해서라도 배불리 먹어야겠다는 심사였으나 일본인들은 정부의 지시를 충실히 잘 지켰다. 어쩌다 어머니를 따라 이웃집에 가보면 부엌은 취사를 언제 했나 싶게 텅 비어 있을 때가 많았다.

일 년에 한 번 당첨이 될까 말까 하는 운동화 배급도 우리는 봉천에서 가지고 온 운동화 재고품이 많아 부족함이 없었다. 다만 배급으로 나오는 운동화와 우리 공장 제품은 모양이 달라 좀 부끄러운 생각이 들던 기억이 난다.

식량난은 개인 집보다 병원이나 학교 기숙사 같은 데서 더욱 심각했다. 경기고녀 기숙사의 당시 사감은 오쿠무라 시게奧村重라는 일본 선생님이었다. 그녀는 기숙사생의 부족한 식량을 충당하기 위해 날마다 새벽 5시에 리어카를 끌고 용산 시장에 가서 상인들에게 사정하여 먹거리를 얻어왔다. 이 일본인 선생의 열성에 감동한 싱인들은 채소나 감자를 두었다 그녀가 오면 내주곤 했다. 그렇게 초지일관 한국 학생에게 보인 정성 덕에 그는 해방 후 한국인의 도움을 받아 무사히 일본에 돌아갈 수 있었다.

밀가루나 설탕은 귀중품이었다. 봉천서 먹던 케이크니 초콜릿 같은 것은 구경도 못 하는 처지였다. 어느 날 저녁 나는 건넛집에 사는 일본인 부부가 식탁 위에 큼직한 케이크를 놓고 썰어 먹는 광경을 2층 내 방에서 보게 되었다. 그들이 그것을 다 먹을 때까지 눈을 뗄 수가 없었다. 학교에서는 점심에 대용식(감자나 고구마)이나 히노마루 벤또日丸辨當(밥 한가운데에 빨간색 매실조림(우메보시) 하나만 박아 넣은, 일장기 모양 도시락. -편집자)를 가지고 오게 했다. 또 밥에 보리가 3할 이상 섞였는가를 담임 선생님이 날마다 조사했다.

교복은 몸뻬로 바뀌고 방공두건이라는, 풋솜을 두둑히 둔 솜방석을 쓰고 다녀야 했다. 겨울에는 괜찮았으나 30℃를 넘나드는 찌는 여름에 그것을 쓰고 다니는 것은 큰 고역이었다. 또 구급주머니라는 것을 만들어 몸뻬 엉덩이에 차고 다녔다. 주머니 속에는 하얀 면으로 만든 삼각건三角巾이 들어 있었는데 공습을 당해 부상을 입으면 이것을 붕대로 사용하라는 것이었다.

3학년이 되면서부터는 수업이 오전에 2시간뿐이고 나머지는 저녁까지 근로봉사를 했다. 우리가 한 일은 운모 조각을 뾰족한 쇠칼 끝으로 얇게 떼어내는 것이었다. 힘이 드는 일은 아니었다. 우리는 수업이 없는 것만 신이 나서 희희낙락 조잘거리며 운모를 벗겼다. 운모가 어디에 쓰이는 것인지 관심도 없었으나 선생님은 그것이 비행기 동체의 재료가 된다고 설명했다. 근로봉사 시간이 길어지면서 우리는 정상수업 하던 시절을 그리워하기 시작했다.

전쟁이 진행됨에 따라 방학도 없어지고 주말도 없어졌다. '월월화수목금금月月火水木金金'이라는 요상한 요일 편성으로 우리는 휴일도 없이 날이면 날마다 운모를 벗겼다. 아버지는 미국의 병력, 자본력, 무력은 일본이 상대할 수 있는 것이 아니라고 늘 입버릇처럼 말했다. 대본영大本營의 이름으로 발표되는 기사는 거짓말이고 전쟁은 일본의 패배를 향해 달려가고 있다는 것이었다. 나는 아버지의 말과 학교의 말 사이에서 때로는 아버지의 말을 믿고 때로는 학교의 말을 믿으면서 살았다.

전쟁을 하는 동안 신문은 한 번도 루스벨트나 처칠의 사진을 실은 일이 없었다. 사진 대신 머리 부분은 털이 덥수룩한 짐승이고 얼굴 판만 그들의 이목구비 특색을 과장해서 그린 만화가 나오곤 했다. 귀축미영鬼畜米英의 괴수들이니 짐승으로 그려야 한다는 그들의 논리에 따른 처사였다.

신문에 나는 기사는 어린 내가 보기에도 점점 논조가 심각해져 갔다. 가미카제 특공대神風特攻隊, 자폭, 산화, 옥쇄玉碎, 군신軍神 같은 낱말이 자주 신문에 등장했다. 적의 전투기만 격추되고 적의 군함만 격침되었다고 보도되던 것이 일본 비행기나 군함도 파손되거나 대파되었다는 소식이 나오기 시작했다. 그래도 기사는 일본이 전쟁에 이기고 있다는 논조를 유지했다.

나는 전쟁이 말기에 이르던 1945년 3월에 여학교를 졸업하고 4월에 경성여자전문학교에 입학했다. 경성여자전문학교는 이화여자전문학교(이하 이화여전)의 별칭이다. 총독부는 이화가 조선 왕실의 문장 배꽃을 의미한다는 이유로 전쟁 말기에 그 이름의 사용을 금지했다. 학교 구성도 전에는 문과, 가사과, 음악과, 보육과로 되어 있던 것을 육아과育兒科와 보건과保健科로 바꿔버렸다. 옛날에는 멋진 투피스이던 교복도 없어지고 학생들은 몸뻬, 선생들은 각반에 국민복 차림이었다. 사춘기의 우리는 그래도 모양을 내고 싶어 애꿎은 몸뻬에 줄을 세워 입느라고 밤이면 요 밑에 물을 뿌린 몸뻬를 정성스레 깔고 잤다.

나는 원래 도쿄로 유학을 갈 생각이었으나 폭격이 심해 도쿄에 살던 사람들도 소개疏開하고 나가는 판이라 하는 수 없이 원형도 알아볼 수 없이 변해버린 이화여전에 들어간 것이었다.

미국 선교사가 서울 근교 신촌에 터를 잡고 지은 이화여전 캠퍼스는 미국식 건물이 주변의 소나무밭과 어울려 아름다웠다. 당시는 본관, 음악관, 체육관, 보육관, 기숙사의 석조건물과 영학관英學館, 롱뷰라는 이름의 교장 사택이 깊은 숲속에 파묻히듯 드문드문 있을 뿐이었다. 내가 들어갔을 때는 선교사들이 이미 모두 철수한 뒤였다. 또 학교 건물은 본관과 음악관 일부를 제외하고는 일본 군대가 점령하고 건물 입구와 계단 어귀에는 방화용 모래주머니가 사람 키만큼씩 쌓여 있었다.

일본인 교감은 공교롭게도 전에 경기고녀 교장으로 있던 고모도高本千鷺라는 분이었다. 그는 훌륭한 인격자여서 경기고녀에 있을 때나 이화여전에 있을 때나 늘 한국인의 입장에서 일을 처리했기 때문에 한국인 사이에 평판이 좋았다. 그를 교감으로 내세우고 그림자 같은 존재가 되어 있던 김활란金活蘭 선생님도 그를 고마워했다. 총독부의 거센 바람을 막아주었기 때문이다.

학생들은 위병이 서 있는 정문 앞을 지나갈 때마다 경례를 하라는 바람에 불만이 이만저만이 아니었다. 경례를 하자니 분하고 안 하자니 겁이 났다. 그래서 하는 둥 마는 둥 경례를 하고 그 앞을 달음질쳐 가곤 했다.

이화여전에서는 근로봉사도 경기고녀 때와는 판이하게 달랐다. 수업 시간이 많고 근로봉사 시간은 일주일에 한 번 정도였는데 그나마 학교 뒤 감자밭에서 감자 캐기를 하는 정도였다. 감독 선생님은 나무 그늘에 앉아 하늘을 바라보고 학생들도 감자를 몇 알 캐다 말고 잡담에 열중했다. 그래도 선생님은 나무라지 않았다. 선생님들은 대부분 미국 유학생이었다. 이화여전에 와보니 여기에서는 일본 총독부가 시키는 일을 완전히 패러디화하고 있다는 느낌이 들었다. 그런 가운데 선생님들은 무언중에 저항의 자세를 전달하는 듯했다. 본관 앞에는 무궁화가 심겨 있었고 기숙사 사감 선생님의 옷장 서랍에는 태극기가 감추어져 있다는 소문도 있었다.

전쟁 말기로 가면서 나는 근검절약, 질실강건質實剛健, 인고단련忍苦鍛鍊의 생활에 말할 수 없는 권태를 느끼기 시작했다. 언제까지 이런 식으로 살아야 하나, 눈앞이 캄캄했다. 명사들이 끌려 나와 '내선일체內鮮一體'를 외치고 "일시동인一視同仁의 천황의 은혜에 보답하기 위해 소선인도 천황의 적자赤子로서 군대에 나가야 한다."고 듣기 거북한 말을 역설했다. 그런 말들은 하는 이나 듣는 이나 서로가 거짓임을 알기 때문에 마음을 움직이지 못하고 허공을 돌다가 사라지며 쓴맛을 남길 뿐이었다. 서울운동장에서 학병들의 무운武運을 축수하는 환송회가 열릴 때마다 우리는 동원되어 나가 어깨띠를 두르고 운동장을 돌며 사자후獅子吼인지 울음인지 알 수 없는 소리를 지르는 그들을 향해 박수를 쳤다.

사회 분위기는 하루가 다르게 우울하고 살벌해졌다. 처음에는 위세 좋게 나가던 일본군의 점령 지역이 점점 줄어들면서 심상치 않은 위기감이 사람들의 머리를 누르고 가슴을 죄어왔다. 누가 무어라고 하지 않아도 우리는 본능적으로 그것을 알 수 있었다.

일본 본토에서는 공습이 날로 심해졌다. 최신형 비행기 B-29가 일본 비행기로는 따를 수 없는 고도와 속도로 일본 상공에 나타나서는 가차 없는 융단폭격을 퍼부었다. 도쿄는 완전히 폐허가 되고 다른 도시들도 피해가 극심했다.

그러나 이상하게도 서울은 한 번도 공습을 당하지 않았다. 우리도 방공 연습을 하고 소이탄燒夷彈이 떨어질 때에 대비하여 줄을 서서 양동이의 물을 릴레이로 운반하는 불끄기 연습을 자주 했다. 그러나 가뭄에 콩 나기로 경계경보가 울리긴 해도 공습경보가 울리는 일은 그 긴 전쟁 동안에 두 번밖에 없었고 그나마 B-29가 아름다운 자태를 자랑하듯이 은빛 날개를 반짝이면서 유유히 지나가는 것으로 그쳤다.

―――

1945년 지루한 여름도 중엽에 접어든 8월 초의 무더운 어느 날, 일본 히로시마에 정체 모를 괴폭탄이 투하되었다. 파괴력이 막대하고 인명 피해가 지금까지의 폭격과는 비교가 안 되게 크다는 보도였다.

폭격을 맞아 죽은 사람은 숯덩이가 되고 살아남은 사람들도 모두 무서운 화상으로 전신의 피부가 훌훌 벗겨져 너덜너덜 매달려 있다고 했다. 신문에서는 즉각 이것이 원자탄일 것이라고 보도했다. 이어 나가사키에 제2의 원자탄이 투하되고 이런 폭탄이 우리나라에도 떨어진다면 어떻게 될 것인가 하는 일대 공포가 전국을 휩싸기 시작했다.

전쟁의 말기 현상이 짙어져 가던 8월 12일께 아버지는 어머니와 해주로 갔다. 전쟁의 종말이 가져올 혼란기에 대비해 식량을 확보하기 위해서였다. 8월 14일 오후 2시쯤, 지금까지 없던 공습경보가 서울에 울렸다. 그리고 하늘에 B-29 한 대가 유유히 지나가는 것이 보였다. 그러나 아무 일도 일어나지 않았다.

신문은 15일 정오 천황의 특별방송이 있을 것이라고 보도했다. 집에는 마침 방학 중이던 나와 동생들만이 가정부 아주머니와 있었다. 동생들은 어려서 관심이 없고 나는 혼자 궁금하여 라디오를 켜고 기다렸다. 그날도 하늘은 티 없이 맑았다. 예정대로 정오에 천황의 목소리가 들려왔으나 소리가 낮고 작은 데다 잡음이 심하고 사용하는 말이 어려워 무슨 소리인지 알아들을 수가 없었다. 그 내용이 일본의 무조건 항복임을 안 것은 뒤에 나온 호외를 읽고서였다. 믿을 수 없는 일이 현실로 나타난 것이다.

종전 소식을 들었을 때 솔직히 나는 우리나라가 해방되어 기쁘다는 감회보다는 지긋지긋하던 전쟁이 드디어 끝났구나 하는 홀

가분함이 앞섰다. 그리고 다음에는 이제부터 우리는 어떻게 되나 하는 불안이 고개를 쳐들었다. 어른이 없는 집에서 나는 동생들과 해방의 첫날을 뒤숭숭한 마음으로 지냈다. 아버지와 어머니는 이틀 후 쌀을 두둑이 가지고 돌아왔다. 그들은 종전의 영향으로 기차 운행에 차질이 생겨 혼란이 일어났고 기차마다 대만원이라 여행은 굉장히 고생스러웠다고 했다.

우리 집이 있는 신교동은 일본인이 많이 사는 주택가였다. 이웃에는 이이지마飯島라고 하는 판사가 살고 있었다. 명판사로 이름이 난 그는 한국인 사상범에게 동정적이었고 청빈하기로 유명하여 생활은 매우 가난했다. 그는 자녀도 없이 연상의 부인과 단둘이 살고 있었다. 해방이 되자 옷가지를 꾸린 배낭을 메고 떠나면서 그들은 우리 집에 와 작별 인사를 하며 고리짝 하나를 맡겼다. 맡아두었다가 기회가 되면 일본으로 보내달라는 것이었다. 고리짝은 밧줄에 묶인 채 우리 집 지하실에 있었는데 6·25 때 피난을 갔다 오니 없어지고 말았다.

해방이 내게 안겨준 가장 큰 감회는 속았다는 배신감이었다. 지금까지 학교에서 배운 것, 진실이라고 믿었던 것, 부모보다 존경했던 선생님, 신문과 라디오가 떠들어대던 말들, 온 사회가 우리에게 선전해오던 것들이 모두 뒤집히고 보니 어이없고 허망했다. 아버지의 이야기를 늘 듣고 있었기 때문에 청천벽력 같은 놀라움은 없었으나 줄기차게 거짓말을 해온 일제의 공공기관에 분노하지 않을 수 없었다. 여학교 때 일본인 선생님들의 안부가 궁금하지 않은 것은 아니었으나 그들을 만나고 싶지 않았다. 아니, 만날 수가 없었다. 이렇게 된 마당에 서로 만나서 어떤 얼굴을 하며 무슨 말을 할 수 있을 것인가 싶었다.

해방 직후는 한마디로 혼란의 시기였다. 1943년 말의 카이로 선언에는 일본이 패배할 경우 한국의 독립을 보장한다고 되어 있었다. 일본 정부는 이 사실을 극비에 붙였으나 한국 내에서 알 사람들은 이미 다 알고 있었다. 아버지가 일본의 패망을 자신 있게 예언한 것도 이런 정보를 근거로 한 것이었다.

여운형은 전쟁이 끝나기 전인 1944년경부터 동지들을 규합하여 조선건국동맹이라는 지하조직을 결성하고 있었다. 그는 다른 민족주의자들과 달리 독립을 위해서는 공산주의자도 포섭해야 한다고 주장했다. 그래서 해방이 되자 그는 1920년대 말부터 신간회를 조직하여 좌우익을 망라한 대중운동을 벌여오던 안재홍安在鴻과 손을 잡고 건국준비위원회를 결성했다. 여기에는 대중조직 활동에 익숙한 공산주의자들이 많이 가담했고 그들은 보안대를 만드는 등 해방 직후의 질서 유지에 필요한 작업을 적극 도왔다.

그들은 9월 6일 서울에서 전국인민대표자대회全國人民代表者大會를 열어 조선인민공화국 성립을 선언하고 강령과 각료 명단을 발표했다. 주석 이승만, 부주석 여운형, 국무총리 허헌許憲, 내정부장 김구, 외교부장 김규식, 재정부장 조만식曺晩植, 군사부장 김원봉金

밀담을 나누는 박헌영(좌)과 여운형(우).

元帥, 문교부장 김성수, 인민위원 김일성金日成, 내각서기장 이강국으로 되어 있는 각료 명단은 표면상 좌우 인사들을 망라한 것이었다. 그러나 인민공화국이라는 명칭은 그들의 좌경 노선을 보여주었고 여기에 거명된 사람들도 좌익 인사를 제외하고는 가담할 의사가 없었다. 또 이것은 국민의 동의가 없는 거사였다.

좌익 색채가 농후한 조선인민공화국에 가담하기를 거부한 우파 인사들은 송진우, 김성수를 중심으로 9월 6일 한국민주당을 만들었다. 이에 앞서 신교동 우리 집에는 송진우, 김성수, 장덕수, 신석우와 같은 사람들이 모여들어 온종일 회의를 하고 있었다.

그들은 한국민주당의 발기인들이었다. 아버지가 그들에게 장소를 제공한 것은 정치 이념이 맞아서라기보다 개인적인 인간관계 때문이었다고 보는 것이 옳다.

송진우나 김성수는 같은 시대의 일본 유학생이요, 3·1운동 때의 동지요, 중앙학교와 〈동아일보〉 시대의 동료요, 아버지가 곤경에 처했을 때 도와준 은인이었다. 그러니까 남의 눈에 띄지 않는 우리 집을 한민당의 산실로 제공해달라는 부탁을 받았을 때 아버지는 순순히 응낙했고 가능한 모든 협조를 했다. 그들은 당의 결성안이 완성되자 다른 곳으로 장소를 옮겨갔다.

좌우의 대립은 종전 직후 소련이 38도선 이북을, 미군이 이남을 분할 점령함으로써 더욱 강화되었고 세상은 마치 둘로 쪼개진 듯한 인상을 국내외에 주었다.

원래 38도선은 일본군 18사단과 19사단의 관할 경계선이었다. 종전과 더불어 미·소 양측은 편의상 이 선을 경계로 일본군을 무장해제시키고 분할 점령할 것을 결정했다. 양국에 의한 분할 점령은 어디까지나 임시방편적인 조치라고 누구나 이해하고 있었다.

국민은 물론 오랜만에 찾아온 이 기회에 통일된 독립을 원하고 있었다. 그러나 피를 흘려 독립을 쟁취하지 못한 결과는 우리를 미국과 소련의 처분만을 기다리는 답답한 처지에 놓이게 했다. 미국과 소련은 당연히 한국의 이익보다 자국의 이익을 우선시했다. 소련은 이북 인민위원회의 움직임을 환영하고 장려했다. 그러나 남한에 온 미군은 좌익 세력이 압도적으로 민중의 지지를 받는 실정에 비추어 좌익을 강력히 저지하는 정책을 펴나갔다.

10월 초에 송진우와 김성수는 미국에 의해 군정장관 고문으로 임명되었고 이어 인민공화국은 강제 해산되었다. 이 무렵 해외에 있던 독립운동 거물들이 속속 귀국했다. 미국에서 이승만이 돌아왔고 충칭重慶에서 김구가 돌아왔다.

국민들은 오랫동안 해외에서 독립을 위해 투쟁하느라 각고의 세월을 보낸 그들을 감회 깊게 맞았다. 해방 후 전문학교에서 대학으로 승격한 이화여자대학에서도 귀국한 임시정부 요인 환영회가 열렸다. 이승만, 김구, 김규식, 신익희 등 요인이 단상에 늘어서서 '독립 만세!'를 외치고 애국가를 부를 때 교직원과 학생들은 흐르는 눈물을 주체하지 못했다. 요인들의 연설은 한 마디 한 마디가 천근의 무게를 갖고 우리의 가슴을 때렸다.

그러나 독립의 꿈에 찬물을 끼얹는 일이 발생했다. 12월 모스크바에서 열린 전승국 미·영·소의 외상회의에서 5년간 한국을 신탁통치한다는 결정이 내려진 것이다. 미소공동위원회를 열어 신탁통치를 구체화하고 한국 임시정부의 조직 방안을 결정하고 원조한다는 결정이었다.

이 소식이 알려지자 국민은 격앙했다. 김구는 즉시 신탁통치 반대 국민총동원운동위원회를 조직하여 반탁운동을 호소하며 12월 31일 대대적인 시위를 벌였다. 좌우를 막론하고 거의 모든 국민이 이 시위에 참여했다. 나도 조그만 태극기를 들고 시위에 나가 종로에서 동대문, 동대문에서 남대문으로 '신탁통치 절대반대' 구호를 외치며 걸어갔다. 군중은 지금까지 느껴보지 못하던 유대감으로 결속하고 있었다.

처음에는 좌우익이 모두 신탁통치를 반대했으나 1월 3일 박헌영을 당수로 하는 조선공산당은 갑자기 신탁통치에 찬성한다는 성명을 냈다. 소련의 시사를 받은 것이 분명한 좌익의 급선회는 민중의 불신과 분노를 샀다. 그때까지 인민공화국을 지지하던 사람들 중에도 공산당의 조국이 어디인가를 의심하며 돌아서는 이가 많았다. 미 군정 당국은 이 기회에 좌익 세력을 꺾기 위해 공산당을 비합법화하고 대대적으로 당원들을 검거하기 시작했다. 박헌영, 이강국, 허헌 등은 또다시 지하로 숨어 들어가고 송사리 공산당원들이 수없이 잡혀갔다.

한편 모스크바 3상회의에서 결정한 대로 한국의 임시정부를 조직하기 위한 미소공동위원회가 1946년 3월 20일부터 덕수궁에서 개최되었다. 그러나 양측의 주장은 전혀 합의점을 찾지 못한 채 회의는 결렬되고 말았다. 시작한 지 불과 한 달 반도 못 되어 위원회는 무기한 휴회로 들어갔다. 이것은 남북의 분단을 영구화시키는 작용을 했다.

38선은 이렇게 해서 하나의 경계선이 되었으나 이때만 해도 왕래가 아주 막힌 것은 아니었다. 소련군이 들어오자 황급히 남한으로 내려왔던 사람들 중 가산을 정리하기 위해 이북으로 건너갔다가 남은 가족들을 데리고 다시 내려오는 이들도 많았다. 친북 인사나 박헌영 같은 공산당의 지도부 인사들은 이 틈을 타 대거 월북했다. 좌익이 지하로 숨어 들어가는 동안 우익은 통일된 조국 독립을 주장하는 김구와 남조선 단독정부 수립을 주장하는 이승만의 두

파로 나뉘어 알력이 심화하고 있었다. 미국은 이승만의 노선을 후원하기 위해 준비 공작을 펴나갔다.

　1947년 5월, 일 년 만에 미소공동위원회가 다시 열렸으나 2개월 만인 7월 10일에 결렬되고 말았다. 이번 결렬은 최종적인 것이었다. 이어 7월 19일, 대중적인 인기를 누리고 있던 중간노선 지도자 여운형이 암살당했다. 좌익에도 우익에도 위협적인 존재였던 그의 죽음은 남한에서 중간노선의 종식을 의미했다.

―――

　1947년 9월, 미국은 한국 문제를 국제연합UN 총회에 제출했다. 그리고 9월 21일 국제연합 임시 한국위원회를 조직하고 그 감시하에 남북한 총선거를 시행할 것을 결의했다. 그러나 소련이 국제연합 위원단의 입북을 거부하자 미국은 1948년 2월 국제연합 소총회를 열어 한반도의 전국 선거가 불가능하므로 남한에서만 단독선거를 한다고 결의했다. 이 결정에 따라 5월 10일로 선거일이 정해지자 국내 상황은 더욱 긴박해졌다. 분단을 영구화하지 않기 위해서는 단독선거를 막아야 한다는 맹렬한 반대 운동이 일어났다. 이러한 주장을 주도한 사람은 김구였다.

　북에서는 김구, 김규식을 비롯한 인사 15명을 지명 초청하고 동시에 남한의 17개 정당 및 사회 단체 대표들의 연석회의를 제의해 왔다. 김구와 김규식은 다른 정당, 사회단체 대표들과 함께 '협상'을 위해 평양으로 갔다. 이때 회의에서 합의된 사항은 네 가지였

남북협상을 위해 38선을 넘는 김구(가운데), 아들 김신(좌), 비서 선우진(우).

다. 첫째 외국 군대는 즉시 철수할 것, 둘째 외국군 철수 후 내전 발생을 막을 것, 셋째 외국군 철수 후 정당·단체들 공동명의의 '전조선 정치회의'를 소집하고 임시정부를 수립한 후 총선거를 통해 통일적 민주정부를 수립할 것, 넷째 남조선 단독선거를 인정하지 않는다는 것이었다.

남북협상은 5월 10일에 강행된 남한 단독선거를 정면으로 부정하는 것이었다. 이 선거에서는 김구가 이끄는 한독당도, 김규식이 이끄는 통일운동자협의회도, 기타의 좌경 색채를 띤 단체와 제주도 도민 모두가 참여를 거부한 가운데 이승만이 대통령으로 당선되었다.

UN이 남한의 단독정부 수립을 지원한 데에는 그만한 이유가 있었다. 중국에서 장제스蔣介石 군이 공산군에게 밀려 중국 전체가 공산화할 기미가 보이자 미국은 전략적 중요성에 비추어 한국을 불가불 자기 진용 안에 두는 일이 시급해진 것이었다.

1948년 8월 15일, 대한민국이 건립되었으나 국내는 여전히 어수선하고 소란했다. 뒤숭숭한 국내 사정은 여운형, 김구, 송진우, 장덕수 등 정계 거물이 연달아 암살당함으로써 불안감이 더해갔다. 송진우는 미국을 적으로 돌리면 공산당이 어부지리를 얻는다는 생각에서 김구와 맞섰다. 송진우의 이러한 주장이 신탁통치를 찬성하는 것이라고 착각한 김구의 추종자들은 1945년 12월 30일 그를 자택에서 저격, 사살했다. 신탁통치는 식민통치의 한 방식이며 이를 찬성하는 자는 반역자이므로 제거해야 한다고 믿은 광신자들은 찬탁으로 전환한 공산당의 박헌영, 여운형을 암살의 표적으로 삼았다. 박헌영은 일찌감치 월북하여 위기를 모면했으나 여운형은 서울에 남아 있다가 변을 당하고 말았다.

장덕수는 한민당의 정치부장으로 당의 이념을 정립하는 데 공이 컸다. 그는 미소공동위원회가 신탁통치를 추진한다며 반대하는 이승만이나 김구와 달리 한국인의 견해를 당당히 표명하기 위해서는 미소공동위원회와 협의해야 한다고 주장했다. 미소공동위원회가 결렬되자 장덕수는 단독정부 수립이 불가피하다고 보고 이승만의 단독정부 노선을 따라 당의 전략을 세웠다. 그 때문에 한독당과 한민당의 대립은 더욱 첨예해졌고 그는 끝내 한독당 인사들 손에 암살당하고 말았다. 1947년 12월 2일의 일이었다.

김구는 통일 정부 수립을 위해 평양까지 가서 협상을 벌였으나 아무 성과 없이 돌아와 은둔생활을 하던 중 1949년 6월 26일 서대문 경교장에서 육군 소위 안두희安斗熙의 저격을 받아 사망했다.

미 군정이 한국 민정으로 넘어간 뒤까지 정리되지 않고 남은 수많은 문제 중 가장 큰 것은 아마도 적산 문제였을 것이다. 전쟁이 끝나기 전까지 일본은 한국 내 공장의 80~85%, 농지의 25%를 소유했을 뿐 아니라 모든 금융기관, 모든 광산, 대부분의 중공업 및 섬유공업을 장악하고 있었다. 이러한 일본의 경제적 지배를 한국에서 제거하는 것이 해방 후 한국정부에 부과된 큰 과제였다.

이 점에 착안한 미 군정청에서는 일본인이 물러가면서 생길 수 있는 경제적 공백 상태를 막기 위해 '적산 관리자'를 임명해 적산의 접수와 관리 업무를 담당하게 했다. 이것은 이권이 개입되는 일이기 때문에 그러지 않아도 막강한 군정청의 권력을 더욱 강화하는 작용을 했다. 귀속재산인 가옥, 토지, 기업체, 이권 등을 불하받기 위해 브로커들이 개미 떼처럼 몰려들었고 군정청과 줄을 대기 위해 온갖 수단이 동원되었다. 미 군정청은 당시 절대권력을 가진 기관이었다. 통역관, 사무직원, 하다못해 미군 집에서 일하는 하우스보이까지도 콧대를 세워 세도가 노릇을 했고 그들을 끼고 약삭빠르게 움직인 사람들은 맨손으로 벼락부자가 되기도 했다. 쓱싹 뒷거래해서 이권을 얻어내는 일을 의미하는 '사바사바한다'라는 말이 유행한 것도 이 시기였다.

우리 동네만 해도 그랬다. 일본인들이 돌아간 뒤 우리 동네에는 빈집들이 많이 생겼다. 그러나 빈집은 오래 비어 있지 않았다. 어느 틈에 사람들이 들어와 살기 시작했고 그렇게 많던 적산가옥은 삽시간에 주인이 생겼다. 집은 일단 점유하면 그만이었다. 나중에 군정청에 가서 불하 신청을 하고 얼마간의 권리금을 내면 자기 것이 되었다. 우리 이웃에 수많은 셋집을 소유하던 도이土井라는 집주인은 대지가 800평이나 되는 대주택을 가지고 있었다. 일본인의 철수와 더불어 작은 셋집들은 모두 한국인들이 들어와 차지했으나 그가 살던 저택은 너무 커서 그런지 한동안 비어 있다가 어떤 건달 같은 사람이 들어왔다. 그러나 곧 미군 장교가 와서 숙소로 삼는 바람에 그는 하루아침에 쫓겨나고 말았다.

―――

이런 정국에서 아버지는 한국민주당의 산실을 제공하기는 했으나 당원이 되지는 않았다. 해방 후 정당의 명단을 보면 한국사회당이라는 조직의 당원부에 아버지의 이름이 보인다. 명칭으로 보아 역시 사회주의적인 색채가 있는 단체였음을 짐작할 수 있다. 그러나 아버지는 그 당에서도 이렇다 할 정치 활동은 하지 않았다.

그렇게도 기다리던 독립의 기회가 왔으나 어수선한 세태와 사람들의 추태는 줄어들기는커녕 갈수록 더해갔다. 아버지는 마음 저변으로 침전해가는 허무감을 씻어버릴 수가 없었다. 벌떼 같은 사람들 틈에 끼어들 생각이 없는 그는 한 가정의 가장으로서 차라리 가족을 위해 생계나 세워가자고 생각했다.

해방 전에 이미 정치 활동에서 은퇴한 그의 행동은 반드시 부정적인 결과만을 가져온 것은 아니었다. 우선 그는 사회 일선에서 물러난 몸이었기 때문에 한국으로 돌아온 뒤 총독부의 주목 대상에서 빠질 수가 있었다. 친구 이광수나 최남선, 송진우, 장덕수, 김활란 등 한국에 남아 있던 유명 인사들이 모두 친일 연설과 글에 강제 동원되고 일본과 한국의 동질적인 혈통을 역설하며 일본에 대한 충성과 학도병 지원 권장에 나서기를 강요당하는 동안 아버지는 무사할 수 있었다.

춘원 이광수나 육당 최남선, 순성瞬星 진학문秦學文 등과 각별하게 가까웠던 아버지는 전쟁 말기에 그들이 친일로 돌아서는 것을 아픈 마음으로 지켜보아야 했다.

일본 통치 기간이 길어지고 전쟁이 막바지에 이르자 일본도, 한국인들도 가만히 있지 못했다. 유명 인사들은 날마다 다그치는 총독부의 압력 앞에서 친일을 하느냐 아니면 매장되느냐 하는 실존적 선택을 강요당했다. 춘원 이광수, 고우 최린, 육당 최남선 등 친일파의 거두로 지목되는 사람들의 공통된 생각은 수동적인 태세를 벗어나 차라리 능동적으로 나가자, 어차피 일본 밑에서 살아야 하는 처지라면 적극적으로 나가는 것이 오히려 겨레에게 유리할 수 있다는 것이었다.

한때 반일운동의 빛나는 기수였던 그들이 이러한 생각으로 전향하고 민족 앞에 나서게 되기까지 얼마나 많은 고민과 갈등을 겪었을까 하는 것은 쉽게 짐작할 수 있다. 그들은 일신의 안전이나 영달을 위해서만 그 길을 택한 것이 아니었을 터이다. 만년의 춘원은 "나는 민족을 위해 친일을 했다."고 말했고 최린은 "백이숙제伯夷叔齊가 되기는 쉬우나 그렇게 한다면 누가 민족을 구하느냐."고 했다. 결국 그들은 피해만 가중되는 정면대립이 아닌 현실적 투쟁 논리를 택하는 것이 낫다는 결론에 도달한 것으로 보인다. 그 결론이 정당하냐 아니냐는 별개의 문제이다.

춘원은 도산 안창호와 더불어 이끌던 동우회東友會의 동지들이 1937년 6월에 일제 검거를 당하자 대표자인 자기가 전향 의사를 밝혀 동지들을 구하느냐 아니면 모두 함께 희생당하느냐를 결정해야 하는 기로에 섰다. 그 자신 구속되었다가 6개월 후에 병보석으로 풀려났으나 동지 중에는 옥사한 사람도 있었다. 그는 이 문제를 놓고 오랫동안 심각하게 고민했다. 그가 친일로 돌아선 뒤 4년을 끈 동우회 재판은 무죄 판결로 마무리되었다. 일설에 의하면 도산이 작고하기 전 춘원에게 동우회를 살리기 위해서 그 길을 가라고 암시했다고도 한다.

친일로 나선 뒤 그의 행동은 매우 적극적이었다. 그러나 그의 적극성 뒤에는 어떤 일본 문인이 그의 표정에서 읽었듯이 '깊은 상처의 어둠'이 깃들 수밖에 없었다. 그는 황군 위문단을 파견하기 위해 위원회를 조직하고 창씨개명에 앞장서고 일본과 일본 식민지의 작

실력양성론을 주장하며 독립운동, 교육운동에 매진했던 도산 안창호.

가들 모임인 대동아 문학자대회에 참석하고 학병을 권유했다.

내가 그를 처음 본 것은 1942년 여름이었다. 우리 가족은 원산 송도원에 한 달 동안 별장을 빌려 여름을 나고 있었다. 어느 날 우리는 명사십리 해변의 멋진 양옥집에 저녁 초대를 받아 갔다. 집주인 안대백安大伯은 미국에서 유학한 일이 있는 인텔리에 도산 안창호가 주도하는 흥사단의 일원이었다. 그 집은 어떤 미국인의 소유였는데 전쟁이 나자 미국인이 철수하면서 그에게 양도했다.

그날 만찬에는 우리와 함께 춘원과 그의 아들 영근榮根도 참석했다. 집주인과 춘원과 아버지가 어른끼리의 이야기에 열중하고 있는 동안 희균과 나와 영근은 포크와 나이프 쓰는 법을 서로 아는 체하며 서양 요리를 먹었다. 어른들이 그때 무슨 중대한 논의를 했는지 알 수는 없으나 분위기에는 어딘가 심상치 않은 것이 있었다. 이 시기는 춘원이 본격적으로 친일을 시작한 후였으나 그와 흥사단과의 연계는 여전히 긴밀한 것이었다고 생각된다.

춘원은 자상한 아버지였다. 아내 허영숙이 병원을 하느라고 가사 일을 돌보지 못할 때 아이들의 시중을 드는 것은 춘원이었다. 기온의 변화에 따라 옷을 갈아입히고 때가 되면 먹이고 씻겼다. 성격도 춘원이 과격한 허영숙보다 자상하고 따뜻했다. 그래서인지 아이들은 어머니보다 아버지를 더 따랐다.

해방되어 춘원이 민족반역자로 몰리기 얼마 전에 나는 그의 아들 영근과 함께 그에게 영어를 배운 일이 있다. 춘원의 집은 당시 우리 집에서 가까운 효자동 진명학교 앞에 있었다. 교재는 미군부대에서 흘러나온 〈Coronet〉이라는 잡지였는데 우리는 그 속에서 적당한 글을 골라 춘원 앞에서 읽고 해석했다.

춘원의 탁월한 지력은 영어를 해설하는 그의 말에서 능히 감지할 수 있었으나 그 언동은 어디까지나 온화한 인격자라는 인상을 주었다. 말소리와 표정은 언제나 부드러웠으며 한복을 입고 허리를 똑바로 펴고 앉은 자세는 수도승처럼 단정했다. 내가 인사로 절을 하면 그도 나만큼 정중하게 허리를 굽혀 맞절을 했다. 보통 어른이 아이에게 하는 행동과는 다른 것이었다. 아이를 동등한 인간으로 대하는 태도였다.

그의 눈동자는 색이 엷어 서양 사람의 눈 같았다. 온화한 목소리로 이야기하는 그의 눈을 바라보고 있으면 온몸이 그 속에 빨려 들어가는 듯 묘한 기분이 들었다.

국회에서는 새 헌법을 만들어 법으로 친일 반민족 행위자 처단을 위한 근거를 마련하고 1948년 8월 16일부터 반민족 행위 처벌 법안을 상정·심의했다. 그러나 이 법안은 결국 실효를 보지 못하고 흐지부지 해소되고 말았다. 우선 반민족 행위의 정의를 내리기가 애매한 데다 해당되는 사람이 너무 많았기 때문이다. 사실 일제시대를 산 사람 치고 어떤 의미로든 친일적인 언동을 전혀 하지 않은 사람은 옥사한 사람 말고는 없다고 해도 과언이 아니었다.

춘원은 일단 구속되었다가 반민법이 해소되자 풀려나와 사능思陵에 있는 시골집에서 은거했다. 영근의 말에 의하면 싸리문을 열고 들어가는 초가집에 들어앉은 것이다. 천재라고 일컬어진 춘원이었다. 해방과 더불어 겪어야 했던 세상의 전복은 누구보다도 본인이 견디기 어려웠을 것이다. 그것은 남의 비판에 앞서 그가 자신과 해결해야 할 내면의 문제들이었다.

그가 구속되어 재판을 받고 있을 때 영근은 손가락을 잘라 혈서를 써서 반민특위 위원장에게 보냈다. 아버지는 결핵이 중하니 보석해주고 대신 자기를 수감해 달라는 것이었다. 그의 청이 받아들여진 것은 아니나 재판은 결국 불기소 처분으로 끝났다.

춘원은 사능에서 〈나의 고백〉을 비롯한 참회의 글을 썼다. 그러나 그가 자기를 회복할 수 있기 전에 6·25 전쟁이 일어났다. 그는 8월 7일, 인민군에 의해 효자동 파출소로 연행되어 자술서를 쓰라는 명을 받았으나 거부했다. 인민군은 그를 집으로 돌려보냈다가 며칠 후 다시 연행해갔다. 그 길로 납북된 것이다. 뛰어난 인물이었기에 일제시대에도 박해를 받고 해방 후에도 옥고를 치르고 이북에 가서도 영어의 몸으로 지내다가 간 춘원의 비극적인 생은 어떤 의미에서 한국 지성의 운명을 상징하고 있다.

―――――

아버지는 38선이 막히고 해주의 정미소와 땅을 모두 잃어버리게 되자 막대한 재산 손실을 조금이라도 벌충하려는 의도에서 원효로에 조그만 유리공장을 사서 경영하기 시작했다. 공장이라고 해야 헛간 같은 건물뿐이고 일체의 기계와 시설은 새로 들여놓아야 했다. 당시 판유리는 국내 생산이 처음 시도되는, 첨단 기술을 필요로 하는 산업이었다.

그러나 해방 후의 혼란 상태에서는 물자도 부족하고 설계도 불완전하고 전문적인 기술자도 없었다. 아버지는 날마다 아침부터 저녁까지 그 일에 매달려 겨우 공장이 돌아갈 수 있는 데까지 끌어갔다. 그리고 차씨라는 인물에게 공장장 일을 맡겼다.

차씨는 해방 후 혼란을 틈타 일확천금을 노리는 사기꾼의 하나였다. 그가 남을 의심할 줄 모르는 아버지를 속이기란 식은 죽 먹기였다. 그는 거의 날마다 이런 핑계 저런 핑계로 아버지에게서 돈을 받아내어 일부만 공장 일에 쓰고 나머지는 모두 자기 호주머니에 넣었다. 어머니는 본능적으로 차씨의 사기성을 직감했다. 경리에 밝은 어머니는 지출되는 금액과 용처의 불균형에 의심이 나지 않을 수 없었다. 그래서 아버지에게 조심하라고 몇 번 경고했다. 그러나 아버지는 어머니의 말을 전혀 들으려 하지 않았다. 어머니가 경고하면 할수록 더욱 차씨에게 기울어져 갔다.

아마 아버지에게는 어떻게든 이 사업을 성공시켜야 한다는 초조감이 있었을 것이다. 봉천에서는 고무공장을 성공적으로 경영했는데 유리공장이라고 못할 것 없다는 자신감도 있었을 것이다. 그러나 온갖 감언이설을 해가며 돈을 뜯어내는 사기꾼의 농간에 공장 경영은 엉망이 되어갔다. 결국 유리공장은 일 년 반 만에 문을 닫고 말았다. 차씨는 아버지의 전 재산을 챙긴 뒤 종적을 감추었고 아버지는 다시 좌절과 실의의 쓴맛을 보아야 했다. 겉으로 내색은 안 했으나 아버지의 심적 타격은 심각했다. 그것은 곧 간경화증이라는 중병으로 나타났다.

어머니는 애써 모은 재산을 사기꾼에게 날려버린 일을 원통해 했으나 아버지가 간경화에 걸려 생명이 위독해지자 일체의 불평을 거두고 간호에 전념했다. 부지런히 요를 갈아대고 잠옷을 갈아입히고 의사의 손 씻을 물을 대령하고 링거병을 매달 외투 걸이 위치를 잡는 솜씨는 빈틈이 없었다.

아버지는 열흘이나 40℃가 넘는 고열에 시달렸다. 봉천에서 만주의대를 다니던, 학생시절 아버지가 도움을 주었던 의사 최충선

박사가 집에 와서 아버지와 한방에서 자며 치료를 했다. 팔의 혈관이 부어서 주삿바늘이 안 들어가게 되자 링거를 넓적다리에 꽂고 흡수를 돕기 위해 더운 수건으로 찜질을 해댔다. 그것은 모두 어머니의 일이었다. 드러난 아버지의 다리는 너무나 앙상하고 가늘었다. 최 박사의 극진한 치료로 완강한 열도 내려가기 시작하고 아버지는 한 달 반 만에 자리를 거둘 수 있었다.

그러나 유리공장이 실패하고 간경화증을 앓고 난 다음의 아버지는 옛날의 패기와 의욕이 사라진 낯선 사람이었다. 지난 세월 심혈을 기울여온 일이 결국 모두 무의미한 것이 아니었던가 하는 심각한 회의가 그를 사로잡았다. 사회주의 활동도 독립운동도 사업도 결국 무슨 의미가 있었단 말인가.

나라는 독립을 했다지만 지도자들은 세력 다툼으로 지새우고, 요인 암살이 자행되고, 모리배가 날뛰고, 사회는 안정은커녕 혼란만 더해가고 있지 않은가. 그가 그토록 아끼고 사랑하던 고모는 세상을 앞지른 행동으로 화가로서의 생애를 망치고 생매장을 당했다. 한때 수덕사에 있다가 나중에 양로원으로 옮겼으나 그곳도 마다하고 몰래 뛰쳐나온 그녀는 행려병자가 되어 죽고 말았다. 아까운 예술가의 최후로서는 너무나 처참한 것이었다. 그녀에게 화내지 말고 집에 데리고 있으면서 돌보아 주는 게 옳지 않았는가 하는 회한도 그를 괴롭혔다.

그래서 그랬는지 아버지는 모든 것을 버리고 절에 가겠다는 생각을 심각하게 했다. 어느 날 밤 그는 짐을 꾸려 집을 나가려고 했다. 딱히 갈 곳이 있는 것도 아니면서 모든 것을 버리고 떠나버리고 싶다고 했다. 그의 결심은 매우 굳었으나 어머니의 반대와 만류는 그보다 굳건했다.

─────

사업 실패로 집안 살림은 어려워지기 시작했다. 어머니는 조금이라도 가계에 보탬이 될까 하고 당시 유행하기 시작한 계를 들었다. 그러나 다달이 물어야 할 때가 돌아오면 곗돈을 마련하느라 애를 먹었다. 개성식으로 알뜰하게 절약을 해도 수입이 없는 살림에 돈은 언제나 모자랐다. 공장도, 해주의 정미소나 땅도, 사직동의 땅도 모두 없어진 지금 남은 것은 신교동 집뿐이었다.

어머니가 가지고 있던 패물이며 옷감을 조금씩 내다 팔기 시작한 것은 이 무렵부터다. 어머니는 봉천을 떠날 때 사파이어, 알렉산더, 루비, 수정 등 보석 알을 수십 개 사 가지고 왔다. 그곳에서 헐값에 산 것이긴 해도 나는 반짝거리는 보석들이 줄어들 때마다 야릇한 아쉬움을 느꼈다. 또 딸들 시집보낼 때를 대비해 혼수로 떠놓은 옷감들이 필로 있었다. 그것도 한 필 두 필 줄어갔다.

대학에 다니고 있었던 나는 아버지의 헌 와이셔츠에 감색 스커트를 즐겨 입었다. 다른 여학생들은 파마를 하고 고운 색깔의 한복을 입고 다녔으나 그런 것을 오히려 촌스럽다고 생각해서 내 딴에는 멋으로 와이셔츠를 입은 것이었다. 그런 딸을 측은하게 생각했던지 어느 날 아버지는 나를 마포에 있는 어느 양재점에 데리고 갔다. 전에 상하이에서 양복점을 하던 사람인데 양복 재단 솜씨가 뛰어나니 그에게 슈트를 맡기자는 것이었다.

'돈도 없는데' 하는 말이 목까지 넘어왔으나 나는 순순히 따라갔다. 가게는 문자 그대로 구멍가게였다. 어두컴컴한 안쪽에 한 남자가 쭈그리고 앉아 재봉틀을 돌리고 있었다. 그가 만들고 있는 것은 남자 양복이었다. 나는 이 사람이 여자 옷을 만들 수 있을까, 의심을 하면서도 그가 치수를 재는 대로 가만히 서 있었다.

해방 후에는 스커트가 길고 어깨에 두꺼운 솜을 넣어 일자로 만든 스타일이 유행이었다. 나는 그런 모양이 싫으니 어깨는 자연스러운 선이 나오게 해달라고 부탁하면서도 속으로 이 초라한 남자가 그런 솜씨를 부릴 수 있을까 하고 얕잡았다.

다 된 양복을 찾으러 갔을 때 나는 깜짝 놀랐다. 실루엣이 아주 부드럽고 멋진 옷이 나와 있었다. 보기에는 작아 보이는데 입으면 너글너글한 옷이 잘 만든 양복이라고 하던 아버지의 말 그대로인 옷이었다. 나는 그 옷을 어떤 옷보다도 소중히 애용했다.

아버지는 러시아 시절에 배웠는지 커피를 좋아했다. 그러나 2차 대전 때도, 해방 직후에도 커피는 쉽게 손에 들어오지 않았다. 아버지는 궁리 끝에 대두를 번철에 까뭇까뭇해지도록 볶아가지고 가루로 빻아 커피처럼 타 마셨다. 또 우유를 양재기에 담아 뚜껑을 덮고 온돌 아랫목에 며칠씩 두었다가 덩어리가 생기면 벼 주머니에 넣어 물을 빼고 설탕을 섞어 먹곤 했다. "이게 요구르트란다." 아버지는 고약한 냄새에 코를 찡그리는 나에게 말했다.

아버지는 대학생이 된 나를 데리고 이따금 외출하셨다. 별말 없이 그저 나를 데리고만 다녔다. 한번은 신익희 씨가 입원한 병원에 나를 데리고 갔다. 딸이라고 소개하니까 병석에 누운 신익희 씨가 안경 너머로 웃으며 내게 말을 건넸다. 자세한 내용은 잊었으나 보통 사람들과는 조금 다르다고 느껴지는 이야기를 했던 기억이 난다. 아버지는 또 나를 신애다방에 자주 데리고 갔다. 커피 맛이 괜찮은 다방이라고 했다. 현재 저동 백병원 건너편쯤에 언덕이 있고 다방은 그 위에 있었다. 어떤 30대 여자가 경영하는 다방인데 고객은 아버지 나이 또래의 사람들이 많았다. 나는 아버지에게 커피를 얻어 마시고 나면 공연히 기분이 좋았다.

그런 때 우리가 무슨 이야기를 했는지 몇 가지만 빼고는 잘 기억이 나지 않는다. 그 몇 가지 중 하나는 영어와 한문은 학문의 필수 도구이니 꼭 익혀야 한다는 것이었다. 일제시대에 영어 수업이 폐지되었지만 독학으로라도 빨리 익혀야 한다고 그는 말했다. 또 유머를 이해해야 하고 자신에게는 가혹하되 남에게는 관대하라고도 말했다. 나는 아버지의 교훈을 그대로 지키지는 못했으나 그 말은 잊지 않고 있다. 아무것도 모르는 철부지 나에게 그런 말을 할 때 아버지는 어떤 심정이었을까, 혹시 그것은 나에게보다 자신에게 한 말이 아니었을까 하고 생각한다.

10장

6·25전쟁

1950년에 일어난 한국전쟁은 남북에서 단독정부가 수립된 때부터 이미 그 싹이 배태된 것이었다. 1947년 5월 10일에 있었던 단독 선거가 끝난 뒤에도 좌·우익의 대립은 해소되지 않았다. 좌익은 지하로 숨었으나 그들의 활동은 오히려 더 치열해졌다. 그런 가운데 제주도 사건과 여수·순천 사건이 연달아 일어났다.

제주도는 본토와 떨어져 있는 지리적 조건 때문에 예부터 독립성이 강한 곳이었다. 중앙정부는 대대로 제주도를 유배지로밖에 생각하지 않았다. 그래서 정부의 제주도에 대한 정책은 언제나 소홀하고 태만했다. 본토에서는 폐지된 세금을 계속 물리는가 하면 파견되어 오는 관리들은 육지와 멀리 떨어져 있는 것을 기화로 마음 놓고 수탈을 일삼았다. 이러한 사실들은 섬사람들의 반권력 의식을 역사적으로 강화시키는 작용을 했다.

제주도에서는 이런 반골 정신이 밑바닥에 깔려 있는 데다가 해방 후에는 좌익 세력이 강하게 자리잡고 있었다. 그것은 미 군정청의 행정력이 제주도까지 미치기 전에 인민위원회가 도내의 유일한 정당으로, 또 정부로 행세하고 있었기 때문이다.

　인민위원회는 처음에는 미 군정 당국과 협조적인 관계를 유지했다. 그러나 양자 사이는 제주도가 도道로 승격되면서 악화하기 시작했다. 제주도 군정관으로 임명되어온 장교는 인민위원회에 대해 처음부터 적대적이었다. 그의 일방적인 보고에 따라 군정 당국은 인민위원회에 압력을 가했고 인민위원회는 자신들의 통치 행위가 제지당하자 군정 당국을 적대시하기 시작했다. 그들은 도민의 쌓여가는 불만을 미 군정 당국에 저항하는 무기로 삼았다.

　그 불만은 1947년 3·1절 기념식 때 폭동의 형태로 터져 나왔다. 도민들은 미 군정 당국의 금지령을 무시하고 집회를 열어 남한 과도정부 수립 반대, 모스크바 3상회의 결정 지지, 조국 통일을 주장하는 시위를 벌였다. 군정 당국이 이를 저지하자 시위대는 학교 운동장에서 거리로 쏟아져나왔다.

　그들의 기세에 놀란 경찰과 미군은 군중의 머리 위로 발포하여 시위대를 해산시켰다. 그러나 발포는 불씨에 기름을 붓는 작용을 했다. 비슷한 시위가 도내 곳곳에서 일어났으며 그 대부분은 폭력 사태로 비화하고 많은 인명 피해를 냈다. 미 군정청은 소요를 진압하고 지배력을 강화하기 위해 보안부대를 파견하는 한편 경찰력을 300명에서 400명으로 증원했다. 그리고 경찰을 지원한다는 명목으로 800명의 서북청년회西北靑年會를 파견했다.

　서북청년회는 북한에서 피난 온 극우 반공분자들로 구성되어 있었으며 남로당과 싸우는 수단으로 테러도 불사하는 폭력배들이 많았다. 도민들은 경찰과 서북청년회원들을 싫어했다. 그들의 횡포와 명목 없는 수탈이 심했기 때문이다.

정부가 무관심 속에서 제주도에 대한 정책 부재를 노출하는 동안 남로당은 제주도의 교통 통신망을 장악하고 1948년 4월 3일을 기해 도내 24개 파출소를 일제히 습격했다. 약 3,000명의 도민이 가담한 사건이었다. 그들은 주로 경찰을 공격했고 미군은 대상에서 제외했다. 원한이 경찰에 집중된 것이다. 기강이 해이할 대로 해이했던 경찰과 서북청년회는 신출귀몰하는 게릴라의 공세를 감당하지 못하고 30명의 사상자를 냈다. 이에 비해 게릴라 쪽 사상자는 4명에 불과했다. 이것을 본 도민들 중에는 오히려 쾌재를 부르는 사람이 많았다.

군정 당국은 이날 폭동에 많은 도민이 가담한 사실을 중시하고 총 2,500명의 증원 부대를 파견했다. 그들은 공산주의자에게 동조한 사람을 색출하기 위해 호별 수사를 진행했다. 한편 게릴라들은 경찰에 대한 공격을 멈추지 않았다. 그런 가운데 4월 29일에는 약 100명의 경비대원이 게릴라 측과 합세하여 병기고를 탈취하는 사건이 발생했다.

미 군정장관 윌리엄 F. 딘William F. Dean 소장은 제주도를 시찰한 뒤 5월 5일 1개 대대를 제주도로 증파했다. 5월 10일로 다가온 선거에 대비해 딘 소장은 여러 가지 방책으로 도민을 달래려고 했다. 그러나 파출소 피격 사건은 더욱 빈번해지고 경찰관과 우익 인사 및 경찰관의 가족이 살해당하는 사건이 연달았다.

또 총선거에 사용될 투표인 명부와 투표함이 게릴라의 습격으로 탈취, 소각되고 선거 담당 직원 여러 명이 습격당하거나 납치되었다. 도로가 파괴 혹은 봉쇄되고 통신망도 끊겨버렸다. 선거 기간 중에 일어난 습격 사건은 50건을 웃돌았고 63개 마을이 공격을 받았다. 양측 인명 피해도 50명이나 되었다.

제주도의 선거는 이런 속에서 간신히 형식적으로만 치러졌다. 3개 선거구 가운데 2개 선거구에서는 유권자의 반수도 투표하지 못했고 한 명의 투표자도 나타나지 않은 투표소가 20%나 되었다.

게릴라 토벌 작전은 5월 말부터 본격적으로 시작되었다. 토벌의 일차적인 책임은 본토에서 온 국방경비대가 지게 되었다. 제주도 경비대에는 공산분자가 많다는 이유 때문이었다. 제주도 진압대 지휘자 박진경朴鎭京 중령은 남로당원 600명을 비롯하여 10세 이상의 남자들을 모두 잡아들여 조사를 벌이다가 남로당원에게 암살당했다. 후임으로 최경록崔景祿이 임명되었고 송요찬宋堯讚이 부연대장에 임명되었다. 6월 이후 잠시 잠잠하던 게릴라는 다시 공격을 시작했고 9월 후반에는 게릴라에 의해 국방경비대원 15명이 살해당했다.

상황이 이토록 심각해지자 제주도 당국은 가까운 여수에 주둔하던 14연대로부터 1개 대대를 급히 차출해올 계획을 세웠다. 그러나 14연대는 제주도로 가는 수송선 타기를 거부하고 10월 10일 여수시로 들어가 각 요소를 점령했다. 본부의 명령에 불복한 것이다. 정부군은 일주일 만에 여수시를 탈환했다. 이 사건으로 정부는 대외적인 체면을 크게 잃었고 민심의 불안도 심각해졌다. 반면 군대 내의 남로당 조직이 드러났기 때문에 그들의 계속적인 반란 계획을 차단할 수 있었다. 또 시가전을 보고 놀란 국민의 반공사상을 강화하는 효과도 있었다.

10월 6일부터 11월 20일까지 있었던 제주도 토벌전에서 게릴라 측은 1,625명이 사망하고 1,383명이 체포되는 대타격을 입었다. 이 많은 수의 사망자 가운데는 게릴라 아닌 도민들도 다수 포함되어 있었다. 토벌대 지휘부는 실적을 올리기 위해 대원들에게 게릴라 잡기 경쟁을 시키는 바람에 무고한 사람들이 무차별 학살당하는 결과를 가져왔다.

이런 상황에서 게릴라의 공격이 수그러들지 않자 1948년 11월 17일 정부에서는 계엄령을 선포한 뒤 중산간 지역 초토화 작전을 실시했다. 정부군은 정찰기를 띄우고 함포 사격을 가했다. 맹렬한 포탄 사격에 놀란 마을 주민 1만 5,000여 명은 모두 내륙으로 피신했다. 이에 당황한 정부군은 도망간 주민들을 다시 해안 가로 내려오게 하려고 했으나 허사였다. 경비대와 경찰은 산속에 숨은 마을 주민들과 게릴라를 구분할 겨를도 없이 함께 공격했다. 이렇게 해서 역사의 오점으로 남을 제주도 학살 사건이 저질러졌다. 제주시 근교 오라리吾羅里와 도두리道頭里에서 살해된 170여 명 속에는 부녀자가 다수 섞여 있었다.

제주 4·3 사건은 당시 좌우익의 심각한 갈등을 구체적으로 드러낸 참사이자 1950년 6월에 일어난 한국전쟁의 발발 가능성을 미리 보여준 전조이기도 했다.

1950년 6월 25일 아침, 북조선 인민군이 대거 38선을 넘어 쳐들어왔다. 라디오로 전쟁이 일어난 것을 안 국민은 경악했지만 국군이 용감하게 응전하여 적을 물리치고 있으니 국민 각자는 안심하고 자리를 지키라는 방송이 나오자 대부분의 사람들을 그 말을 믿었다.

그러나 26일 아침 눈을 뜬 서울 시민들은 빨간 헝겊 완장을 두른 청년들이 길목을 지키고 있는 것을 보고 다시 한번 놀랐다. 이따금 멀리서 총성이 들려오고 땅을 진동시키며 이동하는 전차 소리가 났다. 사람들은 전황을 알기 위해 라디오에 매달렸다. 그러나 라디오는 여전히 안심하라는 말을 되풀이할 뿐이었다.

27일, 서울에는 인민군이 대거 들어왔고 시민들은 뒤늦게 대통령과 각료들이 모두 서울을 떠났다는 사실을 알았다. 그들의 기만과 무책임에 분노했으나 때는 이미 늦은 뒤였다. 당시 하나밖에 없었던 한강 철교는 정부 인사들이 도강한 직후 폭파되었다. 한강은 시민과 안전 사이에 가로놓인 장애물이 된 것이다.

정부는 대구로 내려가 계속 서울 시민에게 허위 방송을 해댔으나 인민군이 방송망을 장악하는 바람에 그 방송마저 두절되고 말았다. 서울에 남은 사람들은 최후 수단으로 단파 라디오로 미군 방송에 귀를 기울였다.

국군 패잔병들은 인왕산 기슭에 있는 우리 집 문을 두드리며 먹을 것과 입을 것을 구걸했다. 대부분 10대로 보이는 그들을 동정

6·25전쟁이 발발하자 이승만과 정부 각료들은 몰래 서울을 빠져나갔다. 그 직후 국군은 한강 철교를 폭파했다.

하지 않을 수 없었다. 어떤 소년 병사는 어머니에게 총을 건네면서 그것을 버려달라고 애원했다. 어머니는 거절할 수 없어 그것을 받아 밤중에 인왕산에 올라가 땅에 묻었다. 멀리 올라가지도 못했고 구덩이를 깊이 파지도 못해서 총이 인민군에게 발각될까 봐 늘 불안에 떨어야 했다.

전쟁 초기 아버지의 친구 장진섭張震燮 씨가 우리 집에 와 피신하고 있었다. 그는 이북 출신 갑부로 당시 돈암장敦岩莊의 주인이었다. 해방 후 이승만이 하와이에서 돌아오자 돈암장을 그에게 제공했다가 이승만이 대통령이 되어 경무대로 들어가자 다시 돈암장에서 살고 있었다. 어느 날 밤 인민군이 갑자기 우리 집에 들이닥치더니 사랑방에서 아버지와 함께 자던 장진섭 씨를 자리옷 바람인 채로 끌고 갔다. 식구들은 구둣발로 들어오는 그들의 험악한 기세에 놀라 꼼짝도 못 한 채 바라볼 뿐이었다. 장진섭 씨는 그 후 길가에서 총살당했다는 소식이 들려왔다.

당시 나는 대학을 졸업하고 이화여대 영문과 조교로 있었다. 공산군이 들어온 뒤 학교가 어떻게 되었나 궁금해서 나가보았더니 교사는 텅 비었고 교직원은 무교동 이수회梨樹會 사무실로 나오라는 광고만 벽에 붙어 있었다. 이수회는 이대 졸업생 남편들의 동인회였다. 그곳에는 낯선 여자가 나와 있어 모여든 우리에게 신상보고서를 쓰라고 했다. 보고서에는 성명, 생년월일, 주소, 소속, 직책 외에 출신 성분, 투쟁 경력, 자아비판의 난이 있었다. 나는 아무렇게나 써내고 다시는 그곳에 나가지 않았다.

어느 날 친척 오빠와 함께 2층에서 단파 방송을 듣고 있는데 방 밖에서 구둣발 소리와 함께 인민군의 말소리가 들려왔다. 허둥지둥 라디오를 인형 상자 뒤에 숨기는 것과 거의 동시에 인민군이 방문을 열었다. 두 명의 인민군은 우리 등에 각기 총을 들이대면서 무기가 있으면 내놓으라고 했다.

그들은 우리를 앞세우고 방을 이리저리 돌며 인형 상자 뒤도 들여다보았다. 나무 상자 모양의 단파 라디오 한 귀퉁이가 그대로 보였다. 그러나 인민군은 그것이 단파 라디오임을 알아채지 못한 채 지나쳤다. 단파 라디오가 어떻게 생겼는지 본 일이 없는 그들은 그것을 인형 상자의 일부로 생각한 모양이었다. 그들이 아래층으로 내려가 방에 있던 등사기를 단파 라디오라고 우겨대는 것을 보고 나는 그런 눈치를 채게 되었다.

"잘 살았군."이라는 것이 개인주택을 뒤질 때 인민군들이 하는 말버릇이었다. 그 말은 듣기엔 그저 빈정거리는 소리 같았으나 실은 죽음에도 해당하는 죄라는 뜻이 들어 있었다. 그들은 나를 집안 이리저리 끌고 다니면서 수색을 하다가 총기가 나오지 않자 그대로 가버렸다. 등에 뾰족한 총 끝이 닿아 있을 동안은 오히려 마음이 착 가라앉아 있었는데 그들이 간 뒤 나는 온몸을 와들와들 떨기 시작했다. 떨림은 30분이나 계속되었다.

동네마다 인민위원회가 생기고 길목마다 감시원이 지키고 있었다. 전혀 뜻밖의 사람들이 빨간 헝겊 조각을 가슴에 달고 나와 공산당원 행세를 했다. 주민들은 낮에는 부역에 동원이 되고 저녁에는 회의에 동원되어 잠시도 자유로울 수가 없었다.

회의는 '위대하신 수령님'을 염불처럼 외우며 천편일률의 말로 시종일관하는, 권태롭기 짝이 없는 것이었다. 우리 집에서는 아이들과 아버지를 보호하기 위해 어머니가 회의에도 나가고 노동도 하러 다녔다. 당시 가장 위험한 것은 반동분자로 몰리는 일이었다. 그것은 나치가 아우슈비츠로 갈 기차에 탈 사람과 안 탈 사람을 구분하는 장면을 상기시켰다. 김팔봉金八峰이라는 작가는 반동으로 몰린 끝에 손발이 묶인 채 얼굴을 밑으로 하고 트럭에 끌려 한 시간이나 시내를 돌았다.

동민들은 때로는 한강 모래사장에 가서 포탄이 든 상자를 머리에 이어 나르기도 하고 때로는 동부이촌동에 가서 군복을 만들기도 했다. 작업장까지는 아무리 멀어도 걸어서 오가야 했다.

―――

젊은 남자는 거리에서 잡히면 의용군으로 끌려가기 때문에 너나 할 것 없이 모두 숨어 살았다. 전쟁 때문에 미국 유학 계획이 수포로 돌아간 나는 부모와 의논해서 약혼했던 전민제全民濟와 결혼식을 올리기로 했다. 그가 화학공업 기술자라 인민군에 동원될 가능성이 높았고 그렇게 되면 결혼을 해야 함께 움직일 수 있다고 생각했기 때문이다

8월 1일, 우리는 부모 앞에서 냉수 한 그릇과 깨끗한 모래에 솔가지를 꽂은 접시를 얹은 상을 사이에 놓고 맞절을 했다. 나는 어

머니 모시 적삼을 빌려 입고 그는 아버지 와이셔츠를 빌려 입은 채 올린 결혼식이었다. 그것은 어머니가 나를 위해 꿈꾸었던 호화롭고 멋진 결혼식과는 너무나 거리가 먼 것이었다.

결혼식을 올린 지 이틀 만인 8월 3일, 남편이 의용군으로 잡히고 말았다. 결혼 보고를 하기 위해 자기 집에 다니러 간다며 나갔다가 당한 일이었다. 그에게서 잡혔다는 전화를 받은 나는 주먹밥을 싸들고 퇴계로에 있는 국민학교로 달려갔다. 일제시대에는 히노데 소학교日出小學校라고 하던 학교였다.

학교 담 밖에 사람들이 옹기종기 모여 있었다. 끌려간 사람들이 담 너머로 밖을 내다보고 있었다. 그 속에 남편의 얼굴이 보였다. 나는 가지고 간 주먹밥을 던져주고 그를 올려다보았다. 할 말이 아무것도 생각나지 않았다. 그도 나를 바라보기만 했다. 기운이 하나도 없는 얼굴이었다.

이것이 영 이별일지도 모른다는 절망감으로 밤을 지새운 다음날 오후 2시쯤 전화가 왔다. 남편이었다. 전날 밤 이북으로 끌려가는 길에 탈출해서 지금 숭인동 자기 공장 물탱크에 숨어 있으니 갈아입을 옷을 가지고 와달라는 것이었다.

나는 정신없이 옷과 주먹밥을 챙기고 나섰다. 경무대 앞으로 해서 화동華洞과 재동齋洞을 지나 원서동 원남동을 단숨에 빠져 서울대학 근처에 갔을 때 전쟁 전에 월북을 했던 동창생과 마주쳤다. 공산당 거물의 딸 백금기白金基였다. 당시 공산당원들은 친구는 물론 부모형제까지도 반동이라고 잡아넣는 일을 서슴지 않았다. 나는 학생 시절 동맹휴학을 정면으로 반대하던 반동 중에도 반동분자였기 때문에 그녀와 마주쳤을 때 이제는 꼼짝없이 죽었구나 생각했다. 그래도 태연한 척 할 말을 찾아 우물거리는데 마침 공습경보가 요란하게 울리기 시작했다. 당시 미군의 폭격은 맹렬해서 시민들 중에도 사상자가 많이 나곤 했다. 거리에 있던 사람들은 쏜살같이 도망치기 시작했다. 백금기도 나도 나무 밑으로 뛰어들어 엎드렸다. 폭격이 시작된 지 얼마 지나지 않았을 때 나는 재빨리 일어나 동대문을 향해 달렸다. 가슴에서 불이 나고 입에서 쇠 냄새가 나도록 달려서 숭인동 공장으로 갔다.

남편은 오물이 덕지덕지 붙은 옷을 입고 악취를 풍기며 숙직실에 앉아 있었다. 의용군이 대열을 짜고 청량리를 향해갈 때 소변을 보겠다고 허락을 맡고는 일을 보는 척하다가 길 아래 논바닥으로 뛰어내려 하수도로 숨어들었다는 것이다. 이 근처의 하수도 배치는 그가 빙초산 공장을 지을 때 배수구를 만든 관계로 잘 알고 있었다. 뒤에서 추적자의 발소리가 들리고 이어 하수도 속에 대고 발사하는 따발총 소리가 요란하게 났다. 구정물 속에 죽은 듯이 엎드려 있자니까 얼마 후 인기척이 없어졌다. 그는 길로 나가지 않고 하수도를 통해서 공장 마당으로 나왔다고 했다.

밤을 기다려 신교동으로 옮겨온 뒤 그는 남의 눈에 띄지 않기 위해 안방 천장 위에 숨어 있었다. 어머니가 끈에 매달아주는 주먹밥을 먹고 물통의 물을 마시며 배설은 요강을 사용했다.

당시 우리 집 이웃에는 양자를 간 아버지의 형 홍석의 아들 석균

奭均이 살고 있었다. 그는 봉천에 있을 때 우리 집에서 식객으로 있던 중 큰돈을 훔치다 발각되는 바람에 수원으로 쫓겨갔던 사람이다. 그 후 아버지가 다시 불러다 이웃의 적산 집을 얻어 살게 하고 동회에 취직도 시켜주었다.

공산군이 들어오던 날 그가 가슴에 빨간 헝겊을 달고 우리 집에 와서 아버지를 보고 "작은아버지 동무."라고 부르는 바람에 우리는 아연실색했다. 그와 그의 가족들은 세상을 만난 듯이 희색이 만면해서 돌아다니며 우리 집에서 쌀이며 장이며 짠지를 마음대로 퍼 갔다. 그러나 우리는 겁이 나 아무 말도 하지 못했다.

석균이가 아버지를 반동분자로 고발해서 아버지는 정치보위부政治保衛部에 잡혀갔다. 우리는 눈앞이 캄캄했다. 전에는 사회주의자로 쫓겨 다니던 그가 이번에는 자본가 반동분자로 몰리는 세태를 개탄하고 있는데 웬일인지 아버지는 이틀 만에 풀려나왔다. 식구들이 안심하고 기뻐할 겨를도 없이 그는 며칠 뒤 또 잡혀갔고 이런 일이 세 번이나 되풀이되었다.

불안과 안도가 교차하면서 어떤 공포가 서서히 엄습해왔다. 사실 잘못한 일이 없으니 나는 떳떳하다며 피신하지 않은 사람들 중 영영 불귀의 몸이 된 사람이 많았다.

아버지는 남동생 상균을 수원 큰댁으로 보내고 희균과 나는 안양 김 서방 집에 가라고 했다. 김 서방은 옛날 아버지가 만주에서 하던 민청공사의 일원으로 만주에 농사지으러 갔던 노인의 아들이었다. 희균이와 나는 마포에서 나룻배로 강을 건너 논두렁길을 걸어서 안양으로 갔다.

　신교동 집 천장 위에 숨어 있던 남편도 며칠 뒤 안양으로 따라 내려왔다. 안양에서도 그는 끼니때만 내려와 밥을 먹고 나머지 시간은 천장 위에서 살았다. 그러나 어느 날 방에 내려와 있을 때 정치보위부원에게 들키고 말았다. 거짓말을 해댔으나 상대가 우리 말을 믿지 않는다는 것을 알 수 있었다. 그는 일단 물러갔으나 다시 올 것이 뻔했다. 남편은 그날로 서울 신교동 집 천장으로 돌아갔다. 9월 20일께의 일이었다.

　9월 25일경 인민군 사단 사령부가 신교동 집을 압수했다. 자기들 연락처로 쓰겠다는 것이었다. 그들은 갑자기 와서 당장 집을 비우라고 호통을 쳤다. 남편을 천장 위에 숨겨둔 채 아버지, 어머니, 막냇동생 정균貞均은 입던 옷차림 그대로 빈손 들고 길로 쫓겨났다. 그들이 지키고 있어서 남편을 데리고 나올 수가 없었다. 어머니가 특유의 기지로 몇 자 적은 종이쪽지와 물과 찬밥을 천장 위로 넘겨주고 나가는 것이 고작이었다.

　아버지와 어머니는 정균을 데리고 하룻밤을 길에서 지냈다. 앞으로의 일이 까마득했다. 집을 버리고 어디로 갈 수도 없고 언제까지나 길에서 살 수도 없는 노릇이었다. 더욱이 천장 위에 있는 남편이 큰일이었다. 다행히 여름이라 하루 이틀은 밖에서 지새울 수도 있었으나 시간이 길어지면 견디기 힘들 것이 뻔했다.

　그런 걱정을 하고 있는데 이튿날 아침 사단 사령부 사람들이 웬일인지 짐을 싸 들고 황급히 나가버렸다. 아버지와 어머니는 사정을 알지 못하였으나 전세가 악화해 철수한 것이었다. 천장 위에 숨어 있던 남편은 그래서 또다시 구사일생으로 살아날 수 있었다.

아버지는 원서동 외삼촌댁으로 피신했다. 해주 정미소 일을 보아주던 어머니의 오빠 집이었다. 서울에 있던 인사들의 검거가 갈수록 잦아지고 있을 때였다. 이북으로 끌려간 납북인사들의 운명은 예외 없이 처참했다. 자진해서 이북으로 간 사람들도 있었으나 그들에 대한 대우도 납북인사와 조금도 다를 것이 없었다.

이북의 공산당은 남쪽에서 온 사람들을 믿지 않았다. 남쪽 인사들이 정권을 장악할까 봐 두려워했다. 이데올로기를 믿고 월북한 남로당원 박헌영, 이강국, 허헌 등을 비롯하여 단 한 명의 예외도 없이 모두 숙청당하고 말았다.

공산군이 떠나간 뒤 동 사무실에서 어떤 서류가 발견되었다. 효자동 일대에서 사형에 처할 인사들 명단이었다. 명단에는 아버지 이름이 제일 위에 들어 있었다. 이것은 일제 강점기 조선총독부가 작성한 유사시 처형할 인사 명단을 기초로 만든 블랙리스트였다. 공산군이 급히 퇴각하느라고 미처 그 일을 실행하지 못한 것이다.

미군과 유엔군은 사령관 맥아더의 지휘하에 9월 28일 인천상륙작전에 성공했다. 인천 바다는 간만의 차가 심하기 때문에 이 작전은 군사 전략상 유례가 없는 결단을 요하는 미묘한 작전이었다. 그러나 맥아더는 이것을 강행해 적의 허를 찔렀다. 안양에서도 땅을 뒤흔드는 함포 사격 소리가 들렸다. 유엔군은 삽시간에 서울을 탈환했다. 도망치는 인민군 패잔병들은 15~16세로 보이는 소년들이었다.

희균과 나는 어머니가 인편으로 보내온 편지에 따라 수원 큰댁으로 자리를 옮겼다. 안양은 폭격이 점점 심해지고 우리가 숨어 있던 집 옆집은 기총소사機銃掃射를 받아 벌집이 되었다. 우리가 들어 있는 집도 언제 그렇게 될지 알 수 없었다. 비행기는 귀가 째지게 날카로운 소리를 내며 거꾸로 내리꽂히듯이 내려와서는 기총소사를 퍼부었다. 그럴 때면 희균과 나는 서로 얼싸안고 무의식중에 비명을 질러댔다.

우리는 또다시 도보로 피난길에 올랐다. 신작로는 걷기가 편했으나 유엔군의 기총소사를 피하기 위해 논두렁을 걸어갔다. 안양역 근처 철도에는 폭격을 맞은 기차가 나뒹그러져 있고 길가에는 죽은 소와 사람들이 즐비하게 누워 있었다. 그렇게 많은 시체를 나는 이전에도 이후에도 본 일이 없었다. 아군이라지만 우리에게 마구 폭탄을 퍼붓는 비행기가 무서웠고 그런 사정도 아랑곳없이 길가에 아름답게 한들거리고 있는 코스모스가 원망스러웠다.

찾아간 분천汾川의 큰댁에는 피난객이 많아서 큰아버지는 우리 자매를 분가한 작은아들 집으로 보냈다. 한 달 전에 온 남자 동생 상균은 큰아버지 댁에 있었다. 큰아버지 나중석은 조상에게 물려받은 재산과 토지가 많은 부자였으나 일찍부터 이웃을 위해 많은 일을 했었다. 1903년에 삼성남자학당三成男子學堂을 짓고 1908년에 삼성여자학당三成女子學堂을 설립한 것도 그였다. 또 해방 후에는 자신의 소유지 중 극히 일부만 남기고 소작인들에게 모두 무상분

한국전쟁 당시 피난민의 모습. 피난길은 그야말로 아비규환이었다.

배해주었다.

대다수 부자들이 보복을 당하던 6·25전쟁 때도 큰아버지는 과거의 선행 덕에 무사했다. 그가 살던 분천은 수원에서 20리나 들어간 곳이라 인민군도 안 보이고 폭격도 없어 한결 평화로웠다.

희균과 나는 큰아버지 작은아들 집의 강당만큼 넓은 안방에서 잤다. 다섯 아들 중에서 장가간 두 아들을 뺀 세 아들과 어머니가 다 함께 자는 방에 희균과 내가 끼어든 것이다. 끼니는 언제나 똑같은 된장찌개와 김치 반찬이었으나 농가이기 때문에 식량을 걱정할 필요는 전혀 없었다.

그 집 큰며느리는 이따금 뜨끈뜨끈한 밥에 참기름을 조금 부어간장과 비벼 먹으라고 주었다. 그것은 이 세상 어느 진수성찬보다도 맛이 있었다. 희균과 나는 그곳에서 무사히 지내다가 10월 말에 서울로 돌아왔다.

서울로 돌아오던 날은 새벽 6시에 분천을 떠났으나 걸어서 가는 길이기 때문에 서울 서대문에 닿은 것이 오후 6시였다. 전시라 저녁 6시부터는 통행금지였다. 예비 사이렌 소리를 들으며 우왕좌왕하고 있을 때 마침 이화여대 체육과 백 교수님을 만났다. 서로 교수와 학생이라는 정도로밖에는 알지 못하는 사이였으나 그는 망설임 없이 우리를 자기 집으로 데리고 갔다. 부인을 시켜 저녁을 지어주고 방바닥이 더워야 피곤이 풀린다며 방에 뜨끈뜨끈하게 불을 때 주었다. 그때 그의 친절을 나는 평생 잊지 못한다. 그는 그 후 다른 대학으로 전근했으나 얼마 안 있어 요절했다.

다음날 새벽에 집을 향해 출발한 우리는 아버지의 생사가 몹시 걱정되었다. 사람들이 많이 잡혀가 죽었다는 험악한 소문을 여기저기서 들었기 때문이다. 집 앞에서 얼굴이 창백한, 그러나 무사한 아버지를 만났을 때 우리는 환성을 지르고 아버지를 얼싸안았다. 아버지 쪽에서는 이쪽이 섭섭할 만큼 덤덤한 표정이었다.

9월 28일 서울을 수복한 유엔군은 10월 초에 38선을 넘어 북진을 계속해서 10월 19일에는 평양을 점령하고 10월 말에는 압록강까지 밀고 올라갔다. 전세는 단연 남한에 유리한 듯했고 유엔군 사령관 맥아더 장군은 압록강을 건너 중국까지 밀고 올라갈 작전을 세우고 있었다.

그러나 북측도 가만히 있지 않았다. 그들은 중국에 원조를 청했고 중국은 대부대를 압록강 북안에 집결시켜 총공세를 개시했다. 이 무렵 우리는 '인해전술'이라는 새로운 말을 접하게 되었다. 중공군에게 폭탄을 던지고 기총소사를 가하고 대포와 박격포와 기관총을 퍼부어도 쓰러진 시체 더미 위로 후속 부대가 꾸역꾸역 끝도 없이 몰려오는 광경은 몸서리가 쳐진다는 것이었다.

그것은 참으로 끔찍한 이야기였다. 눈 덮인 산야에서 분간이 안 가게 흰색 방한복을 입은 중공군은 인명 경시의 역사를 입증이라도 하려는 듯 죽기 위해서 겹겹이 파도처럼 밀려와 유엔군을 질리게 만들었다.

―――

드높았던 압록강 도강설이 뜸해지고 맥아더가 전격적으로 사임한 뒤 리지웨이 장군이 후임으로 오자 유엔군은 급속히 후퇴하기 시작했다. 서울에 돌아왔던 시민들은 다시는 공산 치하에서 살 수 없다며 앞다투어 남쪽으로 피난하기 시작했다.

12월 8일, 우리 식구는 남편이 마련해준 트럭을 타고 부산으로 내려갔다. 지금은 반나절이면 가는 그 길을 우리는 4일이나 걸려 내려갔다. 트럭에는 한국은행에 근무하는 남편 친구의 가족과 우리 가족이 함께 타고 있었다. 트럭 바닥에 급하게 꾸린 이불 보따리와 옷 보따리를 깔고 사람들은 그 위에 앉아서 갔다.

첫날은 수원에서 자고 이튿날은 대전, 사흘째는 대구에서 자고 나흘 만에야 비로소 부산 동래에 도착했다. 남편은 뒷일을 수습하기 위해 서울에 남아 있고 우리는 함께 내려간 한국은행 직원의 동생 집에 방을 얻어 들어갔다. 내가 이듬해 큰딸 수현을 낳은 것은 그 집에서였다.

얼마 동안 그 집에서 더부살이하다가 남편이 동대신동에 조그만 집을 사주어 우리 식구는 그곳으로 이사했다. 이 집은 전체가 18평이었으나 다락방까지 합해 방이 네 개나 되고 마당과 우물이 딸려 있었다. 전시에 그만하면 호화판으로 산 셈이었다.

정부를 위시한 모든 공공기관이 대구와 부산으로 집결했다. 이화여대는 부민동富民洞 산비탈에 땅을 얻어 바라크baraque(임시로 주둔하기 위해 지은 가건물. -편집자) 교사를 지은 뒤 1951년 10월부터 수업을 시작했고 서울대를 비롯한 다른 대학들은 전시 연합대학聯合大學의 이름으로 가교사에서 합동 수업을 했다. 흩어졌던 학생들이 조금씩 모여들었다.

그때 아버지는 들어앉은 노인으로 생활하고 있었으나 여전히 나랏일을 걱정하며 글 쓰는 작업을 끊지 않았다. 이 시기에 아버지는 《너를 찾아라》라는 상당히 긴 글을 썼다. 원래 이 글은 '괴뢰군 포로에게 읽혀서 공산주의를 버리게 할 논문'을 써보라는 권유를 받아 쓴 것이었으나 반공사상이 철저하지 못하고 중간노선적이라는 이유로 출판을 하지 못한 채 원고로 남아 있다가 일부가 타서 없어졌다. 반공사상이 철저하지 못하다는 것은 아버지가 서두에서 '민주주의도 공산주의도 다 좋은 점과 나쁜 점이 있다'고 했기 때문이었다. 그의 이러한 사상은 이데올로기나 종교 혹은 가치 등 개념에는 뚜렷한 경계선이 없고 서로 겹친다고 보는 오늘날의 새로운 사상과 일맥상통한다.

《너를 찾아라》는 1951년 부산 동대신동에서 쓴 것이다. 그는 어떤 이론도 시간의 흐름에 따라 변하는 것이며 마르크스 이론도 예외가 아닌데 그것을 종교처럼 신봉하는 것은 시대착오적이라고 지적했다. 나아가 6·25전쟁이 일어나자 유엔군이 즉각 참전하여 공산군을 물리쳐준 것은 고마우나 '이 토벌이 우리 힘으로 되지 못하고 남의 힘을 빌려서 하게 된 것은 참으로 부끄러운 일'이라고 지적하는 것도 잊지 않았다.

그에 의하면 6·25전쟁에서 이북 공산정권이 보인 것은 증오에 가득 찬 잔인성과 파괴성, 그리고 탐욕스러운 탈취뿐이었으며 남한의 주민을 위해서 한 일은 아무것도 없었다. 또 가뜩이나 인재가 부족한 우리나라에서 아까운 지도층과 지식층 인사들을 납치해가서 대량으로 학살한 사실은 국가적인 견지에서 볼 때 용서할 수 없는 죄악이라고 비난했다.

이 원고는 후반부가 소실되어 결론을 볼 수 없으나 그 논조로 보아 전향한 옛 사회주의자가 쓴 것이라고 보기 어려우리만치 반공적인 인상을 준다. 그런데도 출판되지 못한 것은 글의 취지에 문제가 있었다기보다 오히려 당시 정부의 판에 박은 관료주의와 경색된 사고방식 때문이었다.

그는 이 글에서 또한 춘궁, 맥령(보릿고개), 수재, 한발을 해마다 되풀이하는 우리나라의 영세민들을 잘 살게 할 여러 가지 방안을 제시했다. 경작지를 확대하는 방안, 경작법 개량, 새로운 비료 개발, 농경의 기계화뿐 아니라 식생활 개량으로 쌀 소비를 줄이는 방안 그리고 농어촌 공예품 개발로 외자를 획득하는 방안 등…. 그것들은 먼 옛날 '시베리아 동포의 살아갈 길'과 맥을 같이 하는 글들이었다.

아버지가 남긴 마지막 글은 1956년 1월 17일 〈한국일보〉에 실린 '육당六堂의 인생과 종교'라는 글이다. 이 글은 육당 최남선이 다년간 믿어오던 불교를 떠나 가톨릭에 귀의한 동기를 분석하고 있다. 이미 육당과 직접 만나는 일이 없어진 그는 자기가 아는 대로의 육당을 글에 담았다.

아버지는 육당의 개종 동기가 종교적인 것뿐 아니라 나라를 구제하려는 데에 있었다고 보았다. '조국의 대중이 구제하기 어려우리만치 타락하고 이멸泥滅됨을 통탄한 나머지에 정적, 은일隱逸, 극기로 소극적 고행에 묻힌 불교보다는 활양, 역투, 감격으로 적극적 실천을 일삼는 가톨릭에 의지함이 제세구민濟世救民의 첩경임을 믿게 된 까닭이 아닌가'하고 그는 추측했다. 또 인촌 김성수가 1955년 별세하기 직전에 가톨릭에 귀의하여 십자가를 가슴에 안고 연명殞命한 사실을 들며 육당과 인촌의 입교는 둘 다 '백성을 구출하자는 열의에서 출래한 것이며 조국의 퇴세頹勢는 한두 사람의 힘이나 한두 해의 시일로는 도저히 구제할 수 없으므로 인간 이상의 전능한 신에 앙소仰訴하여 도탄에서 신음하는 동포창생을 조속히 제

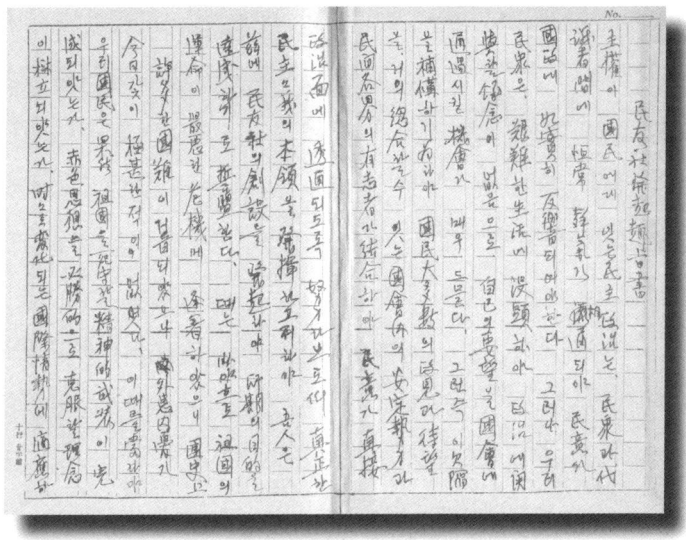

나의 아버지 나경석의 육필 원고.

도하자는 것이 그 근본 동기인 줄 추상推想한다'고 단언했다.

나는 아버지가 은퇴한 뒤 안방 보료에 앉아 팔짱을 끼고 한 점을 뚫어지게 응시하며 생각에 잠겨 있는 모습을 자주 보았다. 지금 그가 남긴 글을 더듬어보며 그때 그가 그토록 골똘히 생각하던 것이 과거의 회상도 아니고 몰락한 가계를 일으키는 일도 아니고 오직 나라를 생각하는 것들이었음을 깨달을 때 일종의 놀라움을 금할 수 없다.

아무리 지성인으로서 나라에 대한 책임을 저버릴 수 없는 시대에 태어나 살아왔다고 하지만 그렇게까지 모든 것을 '나라'에 귀결시켜 생각했던 그에게 존경에 앞서 가슴 저린 비애를 느낀다. 그

비애는 만사가 그의 염원대로 되지 않았으며 될 리도 없었다는 사실 때문에 더 깊어진다. 요즈음 지성인이라면 알아도 모르는 척 넘어갈 사회의 일을 그는 자기의 책임으로 여기고 고민했다. 이것은 우리 세대가 잃어버린 아버지 세대의 귀중한 정신이었다.

아버지는 사업에 실패한 뒤에도 끊임없이 새로운 아이디어를 생각해내고 그것을 개발하려고 했다. 고무로 만든 타일, 수놓은 한복 저고리와 치마, 연결무늬를 날염한 옥양목, 구두같이 생긴 개량 고무신, 흑인의 곱슬머리를 펴는 약 등 그의 아이디어는 다양했다. 잡다한 이 아이디어들은 돈벌이보다 일반의 생활 개선을 노리고 있다는 것이 공통점이다.

가족들은 지치지도 않고 그런 생각을 계속하는 아버지가 딱하기만 했다. 그러나 그의 아이디어는 그가 살아 있다는 증거였다. 50년이 지난 지금 전국에 퍼진 비닐 타일이며 비닐 장판, 수놓은 한복, 굽 달린 고무신, 펴진 흑인의 머리, 색색으로 날염한 면포를 볼 때마다 나는 아버지를 생각하지 않을 수 없다.

인생의 조락기에 접어들면서도 불씨처럼 남았던 그의 정열과 이상이 애처롭다. 또 그것에 무관심하고 냉담했던 나의 어리석음이 한없이 후회스럽다.

11장

다시 찾은 서울

전시의 부산은 이상하게 들뜬 분위기였다. 번화가 광복동 거리는 밤낮으로 북적대고 여자들은 전쟁이라는 현실은 아랑곳없이 유행하는 우단 치마를 입고 거리를 누볐다. 미국에서 보내오는 식량과 구호물자, 마카오 등지에서 들어오는 밀수품들이 시장에서 판을 치고 있었다. '마카오 신사'라고 불리는 새로운 족속들이 어울리지 않게 요란한 옷차림으로 우쭐대던 것도 이 시기의 일이다.

압록강까지 밀고 올라갔던 유엔군은 중공군이 개입하자 기세가 꺾이고 전선은 자꾸 남하하고 있었다. 대구가 섬처럼 공산군에게 점령당하지 않은 채 남아 있었으나 그들이 언제 부산까지 밀고 내려올지 알 수 없는 형편이었다. 성급한 사람 혹은 돈 많은 이들은 거액을 털어 밀선을 타고 일본으로 가기도 했다. 그들은 오무라大村 수용소에 수용되었다가 되돌아오기도 하고 법적인 절차를 밟아 일본에 눌러앉기도 했다.

사기꾼에 걸려 현해탄을 오락가락하다가 '우마야마현馬山縣'이라는 곳에서 배를 내린 사람들도 있었다. 사기꾼들은 돈만 챙기고 그들을 마산에서 내리게 한 것이다.

　공산군이 언제 쳐들어올지 모르는 위험을 목전에 두고 마지막 향락을 누리겠다는 듯이 세상은 사뭇 퇴폐적인 양상을 띠고 있었다. 그것은 정치 부패가 낳은 현상이기도 했다. 정부는 국민을 저버리고 남하한 뒤에도 깜짝 놀랄 추태를 연이어 연출하고 있었다.

　그 대표적인 예가 국민방위군 사건과 거창 양민학살 사건이었다. 국민방위군 사건이란 한국전쟁 중에 예비군을 국민방위군에 편입시켜 남쪽으로 보내는 과정에서 군 간부들이 그 비용으로 할당받은 예산과 식량의 대부분을 횡령·착복한 사건이다.

　원래 국민방위군이란 예비 병력으로 편성된 군대였다. 17세 이상, 40세 이하의 남자는 모두 제2국민병에 편입되고 그중에서 학생을 제외한 지원자는 국민방위군에 들어가 군사훈련을 받게 되어 있었다.

　중공군의 공세가 맹렬해지자 정부는 각 지역에 있는 방위군 대상자에게 소집 영장을 발부하고 경상남북도에 있는 교육대까지 가라는 명을 내렸다. 때는 1950년 12월에서 이듬해 1월에 걸친 혹한의 계절이었다. 그러나 그들에게는 이동에 필요한 경비나 식량이 지급되지 않았다. 방위군 간부들이 할당받은 예산을 모두 먹어치운 탓이었다. 이 때문에 동원된 방위군의 대다수가 동사하거나 아사하거나 병사하는 사태가 벌어졌다. 여론이 극도로 악화하자 정부는 1951년 4월 전면적인 수사를 지시했다.

　당시의 국방장관 신성보申性模는 사령관 김윤근金潤根을 건드리지 않은 채 부사령관을 포함한 15명을 군사재판 하여 그중 4명에게만 가벼운 실형을 선고하고 나머지 11명은 파면 조치하는 것으로 사태를 무마하려고 했다. 그러나 국회 조사단의 조사 내용이 공개되고 여론이 더욱 악화하자 신성모가 사임하고 이 사건에 대한 재수사가 시작되었다. 그 결과 김윤근, 윤익헌尹益憲 외에 세 명의 책임자가 처형됨으로써 사건은 일단락되었다. 그러나 막대한 돈의 행방, 사건의 실상, 궁극적인 책임의 소재는 끝내 밝혀지지 않았다. 하수인들의 처형은 아이로니컬하게도 오히려 사건의 정치적 연루 단서를 지워버리는 역할을 했을 뿐이다.

거창 양민학살 사건은 방위군 사건으로 한창 시끄러웠던 1951년 2월에 일어났다. 당시 아직도 잔당이 남아 있던 공비共匪를 토벌하러 간 군대가 거창군巨昌郡 신원면神院面의 부락민을 무차별 학살하고 이 만행을 공비 소탕의 전과로 보고한 것이다. 이때 사살당한 주민은 남자가 233명, 여자가 304명이었으며 그 속에는 어린이와 노인도 50여 명이나 포함되어 있었다.

정부는 진상을 감추는 허위보도를 되풀이했으나 이 사건의 심각한 양상에 대한 제보가 잇달아 들어오고 진상 규명을 요구하는 소리가 높아지자 6월 초부터 수사와 재판이 시작되었다. 관련 책임자 오익경吳益慶은 무기징역, 한동석韓東錫은 징역 10년, 김종원金宗元에겐 징역 3년이 선고되었으나 그들은 모두 9개월 만에 이승만 대통령의 특사로 풀려나 다시 공직에 들어갔다. 아버지는 이처럼 치욕스러운 사건의 총책임자로 신성모를 처형해야 한다고 입버릇처럼 말했다. 그러나 신성모는 공직에서 물러난 뒤에도 끝까지 부귀영화를 누렸다.

―――

끝이 안 보이던 전쟁은 1953년 휴전협정이 성립되면서 일단락되었다. 이긴 편도 진 편도 없는 휴전이었다. 승패보다도 전쟁이 끝난 것이 반가울 따름이었던 사람들은 하나씩 둘씩 피난살이를 거두고 서울로 올라가기 시작했다. 3년이나 살던 부산은 어디까지나 문화와 관습이 다른 타향이어서 귀향은 우리의 마음을 설레게 했다.

돌아온 서울의 모습은 참담했다. 광화문과 종로 일대의 중심가에 서 있던 건물은 모조리 없어지고 와력瓦礫 더미만이 가엾이 쌓인 채 광화문에서 동대문까지 훤히 뚫려 있었다. 신교동 집은 다행히 폭격은 면했으나 내부는 엉망이었다. 우리가 부산으로 내려갈 때 석균네 식구가 우리 집으로 들어왔으나 두고 간 가재도구나 물건들은 흔적도 없고 마루는 구둣발로 드나들어 흙투성이가 되어 있었으며 문짝이며 창틀은 하나도 없었다. 이 집에 들어와 살면서 그들은 모든 것을 연료로 태워버린 모양이었다. 폐허가 된 집에서 우리는 전쟁의 처절함을 실감하지 않을 수 없었다.

1954년 봄, 나와 동생 희균을 데리고 선발대로 신교동 집으로 돌아온 아버지는 낭하에 쌓인 흙을 쓸어낸 뒤 수십 번이나 걸레로 닦고 문짝을 달고 도배하는 일에 앞장섰다. 일주일이나 쉴 새 없이 이어진 이 작업은 힘들었으나 다른 한편으로 즐거운 일이었다.

부산에서 살던 집에 비하면 신교동 집은 열 배나 넓어서 하루 종일 아래 위층으로 걸어 다니고 나면 다리가 아팠다. 그것은 귀향을 육체적으로 실감하는 즐거운 아픔이었다.

복구는 서서히 이뤄졌다. 거리에는 조금씩 건물이 서기 시작했고 산더미처럼 쌓였던 흙더미와 돌덩이들도 거의 치워졌다. 관청도 학교도 공공기관도 속속 상경해오고 시민의 생활도 정상화되어갔다.

그러나 대부분의 사람들은 가난했다. 아버지는 집 안을 정리하고 나자 생활을 위해 새로운 사업을 구상했다. 학교 실험실이나 병원 혹은 사무실에 깔 고무 타일을 만들자는 것이었다.

아버지가 만든 베이지와 초콜릿 색을 배합한 고무 타일은 이화여대 화학실험실과 부속병원 일부에 깔렸다. 당시로는 내구성이나 실용성으로 보아 혁신적인 것이어서 상품의 평은 좋았으나 영세한 공장에서 영세한 방법으로 사업을 지탱해나가자니 판로도 좁고 자본의 순환도 순탄치가 않았다.

나는 아버지가 어떻게든 이 사업을 키워보려고 아침부터 저녁까지 날마다 돈을 구하러 뛰어다니는 모습을 보면서 서글펐다. 그의 초조한 노력은 좌절한 인생을 이 시점에서라도 다시 한번 일으켜 세우려는 안간힘이었다. 그러나 세상은 가혹했고 그의 노력은 기대한 만큼의 성과를 내지 못한 채 공장 문을 닫아야 했다. 고무 타일은 그의 마지막 사업이 되었다.

이 무렵 나는 이대 부총장이던 박마리아 씨의 조교를 하고 있었다. 국무총리 이기붕 씨의 아내이기도 그녀는 개성 호스톤 고녀 출신이라 어머니와도 아는 사이였다. 어느 날 그녀가 우리 집을 방문했다. 신교동 집은 옛날에 우리가 이사 올 때 당시 공사 감독을 하던 이기붕 씨가 수리해준 집이었다. 최고 권력자의 아내였던 박마리아 씨는 그날 어머니에게 이런 말을 남기고 갔다. "이 세상에서 돈 없는 걱정이 제일 적은 걱정이에요."

당시 박마리아 씨는 프란체스카 여사와 가까이 지내며 막강한 권력을 행사한다는 소문이었다. 그러나 부총장실에서 내가 보는 한으로는 그런 기색을 보이지 않고 오히려 매우 검소하다는 느낌을 주었다. 갑자기 회의나 일이 생겨 나가게 되면 그녀는 내게 자신의 도시락을 주면서 먹으라고 했다. 도시락에는 언제나 자반 생선 한 토막이 밥 위에 얹혀 있을 뿐이었다. 그녀는 또한 중학교에 다니다 세상을 버린 외동딸 강희를 못 잊어했다. 그것은 금력도 권력도 치유해줄 수 없는 한 모성의 아픔이었다.

───

아버지는 사업에 실패한 뒤로는 완전히 집에 들어앉았다. 이따금 옛 친구 진학문, 김두종金斗鍾 씨 같은 분들이 찾아오거나 독립운동을 하다가 폐인이 된 사람들이 밥을 얻어먹으러 오는 것 외에는 찾아오는 발길도 없어졌다. 가까웠던 춘원, 육당, 신익희, 장덕수, 송진우, 김성수, 조소앙과 같은 분들은 모두 북으로 끌려가거나 작고한 뒤였다.

이따금 좋아하는 커피를 마시러 다방에 다녀오는 일이 그의 활동의 전부가 되었다. 가족이 모인 자리에서도 그는 말이 없어지고 식구들이 모여 떠들면 간혹 '허허' 하고 독특한 웃음소리를 낼 뿐이었다. 원래 위가 약해 살이 쪄본 일도 없었던 몸은 점점 야위어서 허리가 한줌밖에 되지 않았다. 어쩌다 외출에서 돌아오면 '피곤하다'며 자리에 눕곤 하더니 1957년경부터는 종일 자리를 깔고 누워 있는 일이 많아졌다.

그동안 남자 동생 상균과 나는 미국 유학을 다녀왔고 여동생 희균은 프랑스 유학을 다녀왔다. 희균이 프랑스에서 그림 공부를 하고 돌아온 것은 1958년이었다. 우리의 학비는 어려운 중에 모두 남편이 대주었다. 이때는 이미 아버지가 병객이 되어 자리보전을 하고 누워 있던 때였다.

1959년 음력 8월 14일, 어머니는 아버지의 친구 몇 사람을 초대하여 저녁을 대접했다. 아버지의 칠순을 축하하기 위해서였다. 어려운 살림이었으나 그날의 요리는 어머니가 정성을 다한 최고의 것이었다. 아버지도 오랜만에 즐거운 모습이었다.

희균은 프랑스에서 가톨릭교도가 되어 돌아왔다. 병상에 누운 아버지에게 희균은 가톨릭에 입교하라고 권했다. 어머니는 희균의 권유를 받고 벌써 입교했으나 아버지는 좀처럼 수긍하려 하지 않았다. 그는 특유의 유머를 섞어 이야기했다. "성당에 가보니까 그저 일어났다 앉았다 하는 게 일이더구나." 그러나 폐결핵 증세가 심해지고 몸이 극도로 쇠약해져 일어날 수 없게 된 어느 날, 그는 어머니에게 입교의 뜻을 밝혔다.

당시 세종로 성당은 박귀훈朴貴勳 신부가 맡고 있었다. 그는 즉시 모든 채비를 갖추어 신교동으로 와서 아버지에게 세례를 주었다. 입교를 통해 아버지가 어떤 종교적 영감을 받았는지는 알 수 없다. 또 과학자인 그가 모든 과학적 이론을 뛰어넘는 교리를 어디까지 믿었는지도 알 수 없다. 다만 의외이면서도 숙연해지지 않을 수 없었던 것은 아버지가 임종이 다가올 때 어머니에게 십자가를 손에 쥐어달라고 청했던 일이다. 그가 조금씩 다가오는 죽음과 마주한 시간은 너무나 길었다. 병상에 누운 채로 지낸 3년이란 시간 동안 어떤 상념들이 그의 뇌리를 오간 것이었을까?

아버지가 성자처럼 깨끗하고 조용한 표정으로 숨을 거둔 것은 1959년 12월 31일 오후 4시 30분의 일이었다.

아버지가 떠나간 지 45년이 지났다. 그동안 세상도 달라지고 사람도 달라졌다. 민주주의라는 이데올로기를 실천하는 데 심히 서툴렀던 우리는 수많은 시행착오와 파동을 겪어왔다. 4·19, 5·16, 12·12 등 많은 사건이 있었다. 그러나 세상은 혼란 속에서도 조금씩은 나아지고 있는 듯이 보인다.

연례행사처럼 발생하던 춘궁, 보릿고개, 기아가 사라지고 밥만 먹여주면 딸을 식모로 보내겠다고 할 만큼 가난하던 사람들이 공

나는 해방 직전 아버지가 마련하신 신교동 집에서 평생을 살고 있다.

업화의 덕으로 잘살게 되었다. 아이들은 학교의 재래식 화장실에서는 볼일 보기를 거부하고 건설현장 노동자들은 새참으로 막걸리 대신 깡통 맥주를 마시게 되었다. 너도나도 자가용 차를 몰아 서울 시내는 연일 교통체증에 시달리고 주말에는 고속도로가 미어진다. 공장에서 일하는 사람들은 노조를 조직하여 노사투쟁을 벌이고 자기들 권리를 주장할 줄 알게 되었다.

 이런 오늘의 현실을 가난한 동포의 살길을 외치던 아버지가 본다면 무어라고 할까. 아마도 그는 대중이 잘살게 된 것을 기뻐하면서도 그 대가로 잃어버린 것들을 아쉬워하며 또 소리를 높였을지도 모른다. 공의를 저버린 사욕, 선비의 기개를 비웃는 도의적 타락, 물질 만능에 짓눌린 정신문화, 목전의 이득을 얻기 위해 국가의 장래를 위태롭게 하는 투쟁문화, 내면을 잃어가는 인간을 여전히 걱정했을 것만 같다.

인류의 역사는 어느 나라를 막론하고 되풀이되는 부분이 많다. 누구나 불행과 과오를 반복하기 원치 않는데도 반복하는 것을 보면 그것이 인간의 한계인지도 모른다.

그러나 생존 경쟁이 갈수록 심해지는 세계정세 속에서 우리가 남보다 많은 과오를 되풀이하고 있을 수는 없는 일이다. 무엇이 과거의 불행과 비극을 가져왔는가를 예리하게 파악하고 분석할 줄 아는 지력과 판단력이 필요하다. 우리 자신을 위해 우리의 속성, 우리의 약점, 우리의 한계에서 탈피하려는 노력이 무엇보다 절실하다.

결코 쉬운 일이 아니나 우리가 후손에게 남길 수 있는 가장 소중한 유산은 바로 그것임을 잊지 말아야 한다.

일제시대, 우리 가족은

초 판 1쇄 펴낸날 2004년 9월 20일
개정판 1쇄 펴낸날 2025년 8월 15일

지은이 | 나영균
펴낸이 | 지평님
본문 조판 | 성인기획 (010)2569-9616
종이 공급 | 화인페이퍼 (02)338-2074
인쇄 | 중앙P&L (031)904-3600
제본 | 명지프린팅 (031)942-6006

펴낸곳 | 황소자리 출판사
출판등록 | 2003년 7월 4일 제2003-123호
대표전화 | (02)720-7542 팩시밀리 | (02)723-5467
E-mail | candide1968@hanmail.net

ⓒ 나영균, 2025

ISBN 979-11-91290-46-2 03900

* 잘못된 책은 구입처에서 바꾸어드립니다.